Wilhelm Rosenbaum

Weihnachtsgeschichten aus dem Bergischen Land

Böxepitter, Christrose und Blotschenmarkt

Bildnachweis:
Redaktionsarchiv Solinger Tageblatt: S. 43, 55, 63, 76
Stadtarchiv Solingen: Titelseite, S. 15

1. Auflage 2013

Satz und Layout: Christiane Zay, Potsdam
Druck: Hoehl-Druck Medien+Service GmbH, Bad Hersfeld
Buchbinderische Verarbeitung: Buchbinderei Büge, Celle

34281 Gudensberg-Gleichen, Im Wiesental 1
Telefon: 0 56 03 - 9 30 50
www.wartberg-verlag.de

ISBN 978-3-8313-2740-9

Inhalt

Schneeflockenzeilenzauber

Die Weihnachtszeit ist berührende, ja faszinierende Renaissance. Denn sie ist ja auch die alljährliche Wiedergeburt für persönliche Erlebnisse, für private „Weißt du noch, damals?"-Geschichten, für Eindrücke, die über Generationen weitererzählt werden. Da lassen Eltern die eigene Kindheit noch einmal lebendig werden. Und Großeltern blättern im märchenstillen Lebensbuch ihrer guten alten Zeit, begleitet, wenn das Idyll am Lichterbaum komplett ist, von den staunenden Augen ihrer Enkel.

Es sind oftmals nur Momentaufnahmen, die haften geblieben sind, Augenblicke, die in ihrer Intensität und Atmosphäre in die Gegenwart hineinstrahlen:

Zum Beispiel der Vater, der mühselig und bergisch-pingelig die Zweige des Tannenbaums ein- und umbaut, indem er immer neue Löcher in den Stamm bohrt, um grüne Zweige hineinzubugsieren, geduldig auf der Suche nach einer gewünschten, aber nicht notwendig naturgegebenen Symmetrie.

Der erste Schnee, der die Dächer, Straßen und Wiesen, einfach alles pudert mit seinem Flockenzauber, den jedes Kind einmal mit herausgestreckter Zunge testen muss.

Das klitzekleine Schlüsselloch, durch das man heimlich, mit gewaltigem Herzklopfen, sogar dem Christkind selbst oder mindestens einem seiner fleißigen Mitarbeiterinnen, also einem Weihnachtsengel, zuzusehen glaubte.

Dazu passt dann das helle Glöckchen, das nach so vielen Seelenqualen des endlosen Wartens doch noch ins Weihnachtszimmer einlädt.

Das Berliner Brot, dunkelbraun und leider Gottes knochenhart, dem ausgerechnet am ersten Feiertag ein Milchzahn geopfert werden musste.

Der zaghafte Schritt ins dunkle Kirchengebäude zu Christvesper oder Christmette, noch vor dem allerersten Orgelton.

Das und vieles, vieles mehr ist Weihnachten, spiegelt einen Hauch von geheimnisreicher, erfüllender Weihnachtsstimmung wider. Dabei kann das Glück klein und unscheinbar daherkommen, aber es ist auf seine besondere Weise uns unvergleichlich kostbar. „Wenn meine Katze mit einer Weihnachtskugel am Tannenbaum spielt, dann ist alles gut", bekennt Alice Schwarzer, die feministische Wuppertaler Publizistin, schlicht und festtagsleise.

Ich bin sicher, Sie werden den Bildern, Begebenheiten und Stimmungen, die dieses bergische Weihnachtsbuch versammelt, Ihre eigenen Erinnerungen hinzufügen können – und sie vielleicht in und zwischen den Zeilen hier und da auch wiederfinden.

Wilhelm Rosenbaum

Blotschenmarkt und Nikolaustreff

„Markt und Straßen steh'n verlassen, still erleuchtet jedes Haus", reimt spätromantisch der Dichter Joseph Freiherr von Eichendorff. Und er irrt, der Zeitgeist des frühen 21. Jahrhunderts ist schuld: Selbst in der winterlichen Dunkelheit des Advents hat der Weihnachtsmarkt für uns seinen Platz und seine glitzernde, anheimelnde Attraktivität. Und das seit (mindestens) vierhundert Jahren, da boten die Nürnberger nämlich auf ihrem „Christkindlesmarkt", vermutlich in ähnlich schlichten Holzbuden wie noch heute, bereits „allerlei spezerey und andere Sachen" an, um, wie es etwas merkwürdig klingt, „die Kinder damit zu befreien".

Märkte waren immer Kommunikationsbörsen allererster Güte, egal, ob im Bergischen im 18. Jahrhundert Pferde und Esel verscherbelt wurden oder im 19. Jahrhundert in Leichlingen die Ziegen ihren eigenen Markt bekamen. Es gibt seit Jahrhunderten Jahrmärkte im Land an Wupper und Itter, vergilbte Dokumente belegen es hinreichend, mit herzöglichen oder kirchlichen Privilegien und dem juristischen Knatsch dazu. Und irgendein „Bergeländer", der das ganze Jahr über brav die Region belieferte, wird auf die geniale Idee gekommen sein, seine Ware versuchsweise auch mal in der kalten, besser kältesten Jahreszeit zu präsentieren.

So könnte der Blotschenmarkt im niederbergischen Mettmann entstanden sein, einer der ältesten Weihnachtsmärkte in Nordrhein-Westfalen überhaupt, wenngleich der Gang mit Blotschen, also klobigen Holzschuhen, etwa zum Dorfteich auf eisglatten, verschneiten Wegen seinen ganz besonderen Charme gehabt haben wird. Aber offenkundig blühte das Vorweihnachtsgeschäft im Geviert mit Büdchen und warmen Getränken hinlänglich, und so konnte im letzten Drittel des vorigen Jahrhunderts der winterliche Markt-Boom seinen Anfang nehmen.

Während die rheinischen Großstädte heutzutage die in die Hunderte gehenden in- und ausländischen Reisebusse zählen, die ihre illuminierten Quartiere ansteuern, hat das Bergische das intime Flair der kleinen gemütlichen Lokalität im Blick. Dabei allerdings sind der Kreativität, was einen originellen Namen betrifft, selbstverständlich ebenfalls keinerlei Grenzen gesetzt.

Einige Beispiele: Der Weihnachtsmarkt kann romantisch (in Schloss Grünewald in Gräfrath), nordisch (im Leverkusener Neulandpark) oder barock (im Wuppertaler Schloss Lüntenbeck) daherkommen. Er nennt sich Nikolaustreff in Wermelskirchen und Herzog-Wilhelm-Markt in Wülfraths Altstadt. Er lädt ins Walder Weihnachtsdorf, zum Haaner Winter-Treff oder dem Ohligser Weihnachtsdürpel ein. Er verspricht Winterzauber auf der Hardt in Wuppertal und sogar, heftig bajuwarisch angehaucht, den „Hückeswagener Hüttenzauber“.

Gottlob: Gejodelt wird wohl kollektiv im Advent bislang noch nicht im Land der Grafen von Berg.

In der Brezelbäckerei

Über den – nicht die! – Burger Brezel wurden wohl schon Tausende von rühmenden Zeilen geschrieben, Lobeshymnen am laufenden Meter verfasst. Er gilt als bergisches „Nationalgebäck“, erinnert je nach Interpretationsansatz an „geflochtene Zöpfe“ oder sogar „betende Hände“. Die Bewohner von Burg sollen das Rezept einem kranken französischen Soldaten im 18. Jahrhundert verdanken, der es, nachhaltig beeindruckt durch erfolgreiche medizinische Hilfe, bei seiner Abreise einem Bäcker im Grafenstädtchen an der Wupper aushändigte. In den folgenden Jahrzehnten und -hunderten wurde der „Burger Brezel“ zum perfekten bergischen Mitbringsel der Premium-Klasse, wie wir heute neuhochdeutsch formulieren würden.

Seither gehört für Groß und Klein das heimische Gebäck, bei dessen Verzehr ein stabiles Gebiss keineswegs ein Nachteil ist, zum touristischen Programm, aber es ist unverändert immer noch für eine handfeste Überraschung gut, wie sich Sigrid Köhring geb. Mertens erinnert.

Sigrid, damals im besten Twen-Alter, wie man das in den Hippie-Jahren ausgedrückt hätte, besuchte mit ihrer Mutter nämlich Ende der Siebziger Schloss Burg. Das war zu der Zeit auf dem richtigen Weg, mit einem publikumswirksamen flotten Programm jenseits aller historisch-musealer Entrücktheit Attraktionen zu bieten, Märchen- und Sagentage, einen Viktualienmarkt, eine Adventsausstellung. Und dazu zählte für die rührigen Schlossherrn auch ein Basar der Kunsthandwerker, zu dem selbstredend ein richtiger Brezelbäcker gehören musste.

Den steuerten Tochter und Mutter zielstrebig an und verfolgten sehr interessiert die diversen Arbeitsschritte, bzw. Kunstgriffe. Danach fragte der Meister locker in die Runde, ob jemand nicht einmal Gleiches versuchen wollte. „Meine Mutter meldete sich sofort, krempelte die Ärmel hoch, griff in den Mehltopf und verteilte das Mehl fachmännisch auf der Backfläche. Dann nahm sie den Teig, formte eine Rolle und blitzschnell lag ein Brezel auf dem Tisch“, beschreibt Sigrid die für sie wundersame Szene. „Die Zuschauer applaudierten und der Bäcker sagte voller Hochachtung: ‚Das machen Sie aber auch nicht zum ersten Mal.‘“

Was die Mutter gern bestätigte: Denn Sigrids Großeltern hatten in der Hofschaft Schnittert, direkt an der Bahnlinie Köln – Wuppertal, in den fünfziger Jahren selbst eine Brezelbäckerei. Und dort hatte die Mutter in der Tat das appetitliche Flechthandwerk gelernt und auch persönlich die frischen Brezel in großen Körben mit dem Fahrrad nach Ohligs, Merscheid und Aufderhöhe kutschiert.

In der überraschenden Backwarenwelt macht der Brezel gelegentlich sogar eine ungewöhnliche TV-Karriere. Anfang Dezember 2012, als der Privatsender Vox in seiner Sendereihe „Das perfekte Dinner" sein Weihnachtsmenü des Jahres vorstellte, hatte sich eine Kandidatin Margret für eine italo-bergische Nachspeise entschieden, die an der Wupper wohl auch Premiere hatte. Ihr Dessert: „Tre Liquori Mascarpone-Creme auf beschwipsten Burger Brezeln".

Bei aller bergischen Bescheidenheit, das klingt doch wirklich schon sehr verdächtig nach Haute Cuisine.

Der bunte Teller

In der weihnachtlichen Kinderwelt der (Ur-)Großeltern, auch noch in den Nachkriegsjahren der Vierziger, gehörte er zu den bergischen „Klassikern" wie Müngstener Brücke, Wuppertaler Schwebebahn und Burger Brezel. Er wurde Standardrequisit in allen stimmungsvollen Mundartgeschichten vom Christkind: der – je nach geografischer Lage und heimatlicher Dialektfärbung – bonte oder bongkte Teller, der unter den geschmückten Tannenbaum, gleich neben Puppenhaus, Schaukelpferd und Kaufladen platziert wurde.

Dieser Teller hatte beileibe nichts mit farbigem Porzellan zu tun, es waren die diversen bunten Zutaten, die seine Attraktivität ausmachten. Um 1900 gehörten, so steht es in alten Zeitungsanzeigen, „Äpfel, Wall-Nüsse und Krach-Mandeln“ zum quasi eisernen Bestand. Wohl dem, der einen Garten hinterm Fachwerkhäuschen hatte und so auch die eigene Obsternte mitverarbeiten konnte. Dabei spielte es überhaupt keine Rolle, dass süße, aber auch verflixt saure Äpfel den Weg auf den Teller fanden, schließlich wurde das Ganze ja mit „Zuckerzeug“, das heißt: mit selbstgebackenen Plätzchen, abgerundet.

Geradezu exotisch mag es angemutet haben, dass schon bald „hochrothe Valencia-Apfelsinen“ für bestaunte Farbtupfer sorgten, echte und vermutlich nicht ganz billige so genannte Kolonialwaren, die, wie ihr Name signalisierte, wirklich aus etlichen Kolonien ihren Weg ins Bergische gefunden haben mochten.

Mit den Jahren nahm die Palette und ihre Sortenvielfalt dezent zu: Im ersten Jahrzehnt wurden neben der heimischen Nuss-Vielfalt Mandarinen und „frischer Ananas“ registriert. In den zwanziger Jahren komplettierten Datteln, Feigen und Kokosnüsse das Festtagssortiment. Sogar Paranüsse und Pampelmusen landeten damals in den Feinkostgeschäften der Region, wenngleich diese raren Exemplare in den entbehrungsreichen Zeiten der Weimarer Republik für viele Kinder wohl eher ein unerfüllbarer Wunschtraum waren.

Und wo blieb im Vielerlei des bunten Tellers eigentlich die Banane? Sie matschte, man muss es so deutlich und wenig appetitlich sagen, lange Zeit in norddeutschen Hansestädten vor sich hin. Zwar läutete ein experimentierfreudiger Hamburger Importeur vor über 100 Jahren die Ära der goldgelben Tropenfrucht in Deutschland ein, die zuerst von den Kanarischen Inseln herbeigeschippert wurde. Zur perfekten Lagerung fehlte aber leider Gottes dem Pionier von der Elbe noch das nötige Fachwissen. Und weil die Banane deshalb nur kurzfristig nach der Ankunft in Hamburg und Bremen genießbar war, endete das Essvergnügen zwangsläufig im hohen Norden.

Erst zu Weihnachten 1925 verhieß eine bergische Zeitungsanzeige den schmackhaften Dreiklang „Ananas, Bananen, Mandarinen", der schließlich „Für die Feiertage" den besagten Teller, in erster Linie zur Freude der kindlichen Konsumenten, doch noch um einige Tupfer bunter werden ließ.

„Buckwell" über Stock und Stein

„Da lagen die Hofschaften, wie neugierige Wichtelmänner unter der Decke hervorlugend", beschreibt stimmungsvoll, in einem poetischen Winterbild, ein sentimental gestimmter Wanderer 1930 das Schnee-Idyll, das sich ihm von den Berghöhen aus weit unten im Tal der Wupper darbietet. Für die Älteren ist der vorweihnachtliche Fleckerlteppich eine vertraute Erinnerung.

Ja, es gab in Berg und Tal zwischen Rheinland, Ruhrgebiet und Sauerland oft Schnee, Schnee ohne Ende. Von Mitte November bis in den späten April hinein war die Kinderwelt weiß, die Wetterstatistiken der fünfziger Jahre bestätigen es. Schließlich meldeten sich die preußischen Bürgermeister rundum schon vor gut 170 Jahren energisch zu Wort. Sie regelten den Wintereinbruch von Amts wegen, das heißt per Verbote: „Das Fahren mit sogenannten Schlittstühlen und überhaupt mit Schlitten, die nicht mit Pferden bespannt sind, so wie das Werfen mit Schneeballen innerhalb der Stadt ist verboten."

Eltern und Großeltern erinnern für das 20. Jahrhundert wahre Katastrophenfälle, legendäre Alptraumwinter, so

Vorbei an bergischen Fachwerkhäusern und Baumgärten ging es über komplett verschneite Straßen mit viel Schwung talwärts.

zu Beginn der achtziger Jahre, als junge Mütter sich mit dem Kinderwagen mühsam durch den bergischen Überall-Schnee kämpften und dabei vor den unpassierbaren, meterhoch überschneiten Bürgersteigen auf die Fahrbahn ausweichen mussten, wo Obusse oder Autobusse, wenn sie denn das Chaos überhaupt ansteuern konnten, eine schmale befahrbare Ersatzspur hinterlassen hatten. Das kommunale Streusalz unserer Tage war für die öffentlichen Straßen noch kein Thema, unter dem Schneebelag sorgte zudem tückisches Glatteis für zusätzliches Bangen und Rutschen.

Andererseits war die Winterpracht für Kinder eine phantastische Einladung zu langen Schlittenfahrten hinab in die verschneiten Täler. Da ging es, platt auf dem Schlitten liegend, per „Buckwell" – mit einer Bauchwelle – hinunter, über Stock und manchen Stein, der unter dem Schnee versteckt Anlass zu waghalsigen Hin-und-her-Manövern gab. Mit den Füßen wurde marginal, nur in bedrohlichsten Situationen, notgedrungen auch gebremst.

Der nasse Schnee wurde, immer in Körperkontakt durch dünne Schnürschuhe und alles andere als winterfeste, aus kargen Resten zusammengenähte Beinkleider, von jugendlichen Schlittenfahrern beiderlei Geschlechts klaglos und billigend in Kauf genommen.

Wenn allerdings, ein steifer Atlantikwind oder der Klimawandel kann wahlweise dafür in Haftung genommen werden, kein einziges Flöckchen Schnee fallen will und die weiße Weihnacht wider Erwarten eine traurige Illusion ersten Reifegrades bleibt, hilft wenigstens optisch ersatzweise eine jener Schneekugeln, die in bergischen Devotionalienbüdchen mit den landesüblichen Wahrzeichen Winterträume wenigstens vorgaukeln.

Cookies ohne Ende

Vier Taler musste der zukünftige Konditorenmeister im Bergischen zahlen, der Geselle war mit einem Taler etwas günstiger dran, wenn er im 19. Jahrhundert seine offizielle Prüfung ablegte, und es ist essgeschichtlich aufschlussreich zu lesen, was solch ein Meister der süßen Verlockungen herzustellen hatte. Das waren „1) die gangbarsten Backwaren, 2) die ortsüblichen Sachen aus Blätterteig oder 3) Bisquit-, Mandel-, Brot- und Sandkuchen, Makronen und Windgebäck".

Im ersten Drittel des 20. Jahrhunderts waren Anforderungen, Geschmack und Ideenreichtum enorm gestiegen. Bei einer regionalen Meisterprüfung wurden wahre Kunstwerke bestaunt, eine Zuckerplastik des Gabelschmieds Peter Hahn, ein appetitlicher Pelikan und auch Schloss Burg „in einer herrlichen Kakaomalerei".

Auf den heimischen Backblechen der fleißigen Hausfrauen – Hausmänner dürfen wir zu dieser Zeit noch nicht in statistisch relevantem Umfang im Küchenreich vermuten – ging es sicher eine deutliche Spur herzhafter und weniger luxuriös zu. Bergisches Spritzgebäck war eindeutig der klassische Favorit, Plätzchen war der Oberbegriff für selbstgebackenes Süßes für den Kinderteller.

Aber mit den Jahren erweiterte sich gottlob doch die Schnübbel-Palette: Zimtsterne, Elisen-Lebkuchen, Vanillekipferl, Pfeffernüsse, Printen und Christstollen ergänzten nach und nach den „süöten Krom“, den süßen Kram, wie man das bergisch-kantig nannte.

Den Vogel freilich im Reich der weihnachtlichen Leckereien schießt unangefochten sicher der Ohligser USA-Auswanderer Heinz H. Bender ab. Er verschaffte als „Pastry Chef“, als nationaler Top-Konditor also, im Weißen Haus in Washington gleich vier amerikanischen Präsidenten ein geradezu süßes Leben.

Elf Jahre lang waren die mächtigsten Männer der westlichen Welt – Lyndon Johnson, Richard Nixon, Gerald Ford und Jimmy Carter – bei Staatsdiners und Teapartys im Rosengarten begeistert von seinen Kuchen, Pralinen und Desserts. Johnson ließ sich fast pfundweise Zuckerberge über seine Erdbeeren streuen. Nixon staunte über die 350 Pfund schwere Hochzeitstorte, die Bender für dessen Tochter Patricia kreiert hatte. Und zu Weihnachten backte Bender, der mit innigen Stoßseufzern gelegentlich über „eine einzige Schufterei“ stöhnte, bis zu 40 000 Plätzchen pro Saison.

Bei einer solchen Menge an zuckersüßen „Cookies“ ist manchem verständlicherweise hinterher allerdings eher nach saurer Gurke zumute.

Brosamlein für Eichelhäher

Fasan, Kiebitz, Bussard, Rabe, was klingt wie die Bestandsaufnahme eines heimischen Vogelschutzparks, dokumentiert die auch im Bergischen Heimatlied besungene innige Liebe zu den „gefiederten Freunden“ in Wald und Flur. Die vier zitierten allerdings hatten noch eine exquisitere Karriere vor sich, sie wurden nämlich auch bekannte Markennamen für Rasierklingen.

So weit geht das Faible für unsere Vögel, die in der Geschichte mal in Vogelkauen gefangen, mal in heimischen Volieren gehalten, mal für eine Vogelwarte in Helgoland beringt wurden. Gerd Kaimer, Schulrat in Remscheid und von 1984 bis 1997 Oberbürgermeister in Solingen, kenne, wie die Lokalpresse anerkennend mitteilte, jede Vogelstimme weit und breit. Der Lehrer und gerühmte Pomologe Carl Hesselmann rief in Witzhelden schon früh „zum Schutze unserer Singvögel“ auf und verpflichtete den „lieben Landmann“ dazu, „die Vögel hochzuschätzen“.

Das taten und tun die Bergischen permanent, in Sonderheit in den kalten Wintern, wo die Fütterung der Tiere eine Art Bringschuld für deren Gesang durchs Kalenderjahr ist. Und kein Vögelchen wird ausgenommen, wie ein namentlich nicht genannter Verfasser vor 150 Jahren reimte: „Spatzen sind die Proletarier in dem großen Vogelreich. Liegt ein Brosam nur am Fenster, sammeln sich die Spatzen gleich. Gönnt den armen, kalten Spatzen gern das mager Brosamlein."

In den aktuellen Vogelfutterhäusern des Landes tummeln sich heute jedoch mehrheitlich Amseln, Finken, Meisen, auch Rotkehlchen und Gartengrasmücke, selten genug sogar ein traumhaft schönes Dompfaffpaar.

Von einem echten Neuankömmling wird zudem im Niederbergischen berichtet. Da machte in der Tat, das komplette Vogelhaus mit einem Schlag füllend, ein stattlicher Eichelhäher den kleineren Kollegen Rosinen und Nüsse streitig.

Der winterliche Kulturfolger, dessen Federn aus seinen blau und schwarz gezeichneten Flügeldecken im Bergischen traditionell das schlichte Grün der Jäger- und Schützenhüte aufhellten, hatte allerdings überhaupt keine – wir würden sagen – Tischmanieren. Er hackte mit seinem Häherschnabel ziemlich wahllos das Futter durcheinander, das so im hohen Bogen aus dem Häuschen flog. Zur Freude der cleveren Blaumeisen, die schon unten auf dem Balkon, im Parterre sozusagen, saßen und auf den willkommenen Nachschub warteten.

Christrose gegen Läuse

Heute kommt sie aus den riesigen niederländischen Gewächshäusern gleich an der Grenze, früher wuchs sie in Omas Garten hinterm Haus, in dem schmalen Streifen des Blumenbeets, neben der größeren Acker- und Nutzfläche, wo Oma Gemüse und Kartoffeln anbaute: die Christrose. Sie blühte schon im Dezember und war, wenn der erste Schnee gefallen war, eine echte Überraschung, weiß in Weiß, weshalb sie im Bergischen hier und da auch „Schniirus", Schneerose also, hieß. Botanisch ist sie als Schwarze Nieswurz bekannt, Lateinisch heißt sie Helleborus niger. In der Antike galt die unter Naturschutz stehende Pflanze aus der Gattung der Hahnenfußgewächse als probates Heilkraut. Im Mittelalter wurde sie gegen Fisteln, auch gegen Läuse und gar als Abführmittel eingesetzt. Schön zu wissen, dass sie seit 1987 auch bei uns einen ausgesprochen exponierten Platz gefunden hat. Neben Alpenakelei, Lungenkraut und Himmelsschlüssel ist die Christrose gerngesehener Gast im restaurierten, historischen Burggarten auf Schloss Burg, der nach frühmittelalterlichen Vorbildern dort angelegt wurde.

Der sprachenkundige Chor der Engel

Wenn der Opa, was Gott sei Dank nur verhältnismäßig selten vorkam, einmal richtig aus der Haut fuhr, weil er sich über irgendetwas maßlos geärgert hatte, dann benutzte er, um ehrlich zu sein: fluchte er in einer merkwürdigen Sprache, die den Enkeln schlagartig signalisierte, dies sei exakt der richtige Augenblick, um sich ganz schnell aus der Reichweite des zornigen älteren Herrn zu entfernen. Dann sprach Opa Platt, wie man an der Wupper sagt, er fluchte nach Altväter Sitte in seiner sehr speziellen Mundart.

Und weil es im Bergerland zahllose Höhen, Täler und vor allem Hofschaften gab, fluchte dort jeder Großvater in der ihm eigenen Version. Wissenschaftlich hat Dr. Georg Cornelissen, rheinischer Sprachforscher in Bonn, dafür eine ziemlich griffige, aber zweifelsfrei richtige Erklärung gefunden: „Das Bergische Land ist die Dialektknautschzone von Nordrhein-Westfalen." Wo sich die für die Lautverschiebung wichtige Benrather Linie zur Freude der Germanisten und heimischen Deutschlehrer gen Osten schlängelt und die Wupper als zusätzliche Sprachgrenze gleich mitspielt, „knubbeln" sich die Mundarten. Aber man versteht sich eben, hüben wie drüben, weil es, auch wenn man es zuweilen orthografisch etwas anders fasst, doch ziemlich ähnlich klingt.

Für die älteren Semester, die mit ihrem lokalen Platt groß geworden sind, ist Mundart Synonym für Heimat, für eine traditionsverhaftete bürgerliche heile Welt, in der Fleiß, Gehorsam, Treue und die Liebe zur Natur unerschütterliche Meilensteine einer rückwärtsgewandten Innerlichkeit waren. Eine ganze Generation dauerte es, bis die Themenvielfalt der so genannten Heimatdichter die rauschenden Wälder und singenden Nachtigallen allmählich hinter sich ließ und die Moderne endlich mit aktuellen, auch gesellschaftskritischen Themen Einzug hielt.

Manchmal sogar traut sich ein moderner Geistlicher, eine junge Pfarrerin im protestantischen Kernland etwa, von der Kanzel in der lokalen Mundart zu predigen, und schafft damit einen ganz ungewohnten Zugang zum Wort Gottes.

Die Übersetzungsproblematik freilich, die diesem folkloristischen Experiment innewohnt, bleibt bestehen, wie ein weiteres Beispiel aus dem Jahr 1977 zeigt:

Da veröffentlichte eine bergische Tageszeitung mutig am Heiligabend einen Aufmerksamkeit erregenden Zweispalter, die Weihnachtsgeschichte nach Lukas, Kapitel 2, Vers 1 bis 20, und zwar in einer lupenreinen Mundartfassung, mit dem „Jupp ut Nazareth“, mit „Daglühnern“ (für Hirten), mit einem „Fuodertrog“, einem zur Krippe umfunktionierten Futtertrog, und jeder Menge „Schöpe“, den bekannten Schafen draußen auf dem Felde.

Prompt wurde die Dialektfassung Stadtgespräch. Unverzüglich meldeten sich in Leserbriefen Kritiker zu Wort, fragten besorgt, ob eine wortwörtliche Bibelübersetzung einem Weihnachtsgottesdienst angemessen sein könne. Einer servierte mit einem Schuss Humor ein (fast) unschlagbares Argument: Wenn der Chor der Engel das Lob des Herrn tatsächlich in bergischem Platt anstimme, fragte er nicht ohne heiteren, aber logischen Hintersinn, waren dann am Ende eventuell alle Engel rund um Bethlehem etwa wundersame Wesen aus dem Bergischen Land?

Dann müsste wohl der Begriff der himmlischen Heerscharen theologisch dringend und gänzlich neu hinterfragt werden.

Nicht überall ist Bethlehem

Als Edmond Halley am Weihnachtsabend des Jahres 1682 einen Kometenschweif beobachtete, ging er in die Geschichte der Astronomie ein, denn er sagte zudem richtig die Wiederkehr des später nach ihm benannten Schweifsterns voraus. Es dauerte nicht sehr lange, bis man seinen Kometen mit dem biblischen Stern von Bethlehem gleichsetzte, was freilich wissenschaftlich nicht haltbar war. Der Komet allerdings kam immer mal wieder, 1910 zum Beispiel. Aber es ist richtig beruhigend nachzulesen, wie die Bergischen vor 100 Jahren dem vermeintlich bedrohlichen Ereignis trotzten: Sie stiegen couragiert mit Fernglas und „Operngucker“ auf die Dächer ihrer Häuser – und überstanden so bei glänzender Laune auch den ebenfalls prognostizierten Weltuntergang. Das nächste Wiedersehen mit dem Halleyschen Kometen, wenn’s interessiert, ist für das Jahr 2061 berechnet worden. Das gibt uns noch ein bisschen Luft für Terminplanungen aller Art.

„Cravatten“ und eine echte Löwin

Zeitungsanzeigen sind Spiegelbilder gesellschaftlicher Wirklichkeit. Wer wissen will, was zur Weihnachtszeit im Bergischen Land vor 100 Jahren geschenkt wurde, der wandert ins Stadtarchiv. Ganze Präsentkörbe sind da gesammelt und katalogisiert, sie bestätigen gleichermaßen gewachsene Traditionen und sonderbare Kuriositäten.

Als da wären: Für den Herrn der Schöpfung bereits damals im Programm die üblichen „Schlipse und Cravatten“, gegen mächtig kalte Füße für den Familienvater gern auch „Männer-Plüsch-Pantoffeln, 3,20 Mark“, außerdem immer wieder gern genommen „Hosenträger“.

Wer's ein Ideechen wärmer brauchte, dem wurde mittels Anzeige zu „Wermuth-Wein" geraten, der – welch köstliche Alibifunktion für Schluckspechte – auch sofort als „gutes Mittel gegen Influenza" für eine erstklassige medizinische „Ausrede" herhalten musste.

Den Damen wurde hübsches Zubehör empfohlen, etwa Damenkörbchen und Necessaires. Zur eleganten Ausschmückung des trauten Heims sollten Tülldeckchen und Hohlsaum-Servietten sowie „Sopha-Tische" dienen. Wenn's eleganter sein durfte, hatten extravagante „Japanische Artikel" Hochsaison, Hängebilder und Papierschirme aus Fernost. Echte Kanarienvögel, und zwar „Roller-, Glucker- und Nachtigallenschläger", ließen sicher auch diverse Herzen höher schlagen. „Kopfwaschwasser", wohl für Kunden beiderlei Geschlechts, konnte auf dem Gabentisch landen wie „Wetterhäuschen" und – die Hausfrauen mag's verwundern oder freuen – „Küchentonnen mit Console". In die absolute Luxusklasse gehörten dagegen „Pelz-Colliers" und „Beluga-Malossol Caviar". Ein genereller Kauf-Appell, der passend für alle Festtage gelten mochte, findet sich in den dreißiger Jahren: „Zu Weihnachten schenken/ heißt: an Solinger Stahlwaren denken."

Makaber, aber gleichfalls angezeigt wurde ein, nun ja, ausgesprochen gewöhnungsbedürftiges Geschenk; es sollte „dem Andenken an Verstorbene" dienen und so gestaltete ein kundiger Friseur aus dem Haar von Verstorbenen „Uhrketten, Gemälde, Bouquets, Brochen und Ringe".

Aber adventliche Überraschungen der speziellen Art gibt und gab es nicht nur in den gern zitierten Printmedien. Manchmal genügte auch ein Löwe, um die ungeteilte Aufmerksamkeit des weihnachtlich gestimmten Shopping-Publikums auf sich zu ziehen.

Das Stichwort Löwe – der Gedanke an den Wappen schmückenden bergischen Löwen liegt zwar prinzipiell nahe, führt aber hier in die Irre – birgt verständlicherweise das Risiko des Missverständnisses. Es erinnert etwa an die weiß Gott verrückte Offerte des US-amerikanischen Warenhauses Neiman-Marcus in Dallas, im Dezember 1967 als ultimatives Festtagspräsent den überaus potenten Kunden des texanischen Ölgeschäfts per Katalog tatsächlich ein lebendes Kamel anzubieten.

Nun, gar so schlimm war es in einer bergischen Großstadt vor sechzig Jahren dann doch nicht, als dort die Story vom Löwen die Runde machte. Denn dieser Löwe war lediglich das lebendige Zugpferd für einen Plüschbären.

Konkreter: Ein Kaufhaus hatte die vermeintlich geniale Idee, zur Ankurbelung des Verkaufs von knuddeligen Teddybären einen richtigen Löwen in einen kleinen Käfig und dann ins Schaufenster zu setzen. Von artgerechter Tierhaltung war man offenkundig im Wiederaufbau-Deutschland zu dieser Zeit noch meilenweit entfernt. Die Lokalpresse kopfschüttelte auch leise über die sensationelle Ausstellung einer „sich rekelnden Wüstenkönigin, fünf Monate alt“. Nur die kleinen Jungen und Mädchen drückten sich an der Scheibe, die sie von einem leibhaftigen Raubtier trennte, gehörig die Nasen platt, um dem einmaligen Hingucker ganz nah zu sein.

Sonst kriegten sie einen Löwen ja nur im Wuppertaler Zoo zu Gesicht.

Der rätselhafte „Böxepitter“

Im Oberbergischen freuen sich die Kinder auf einen „Stutenkäel“, den man auch „Piefemann“ nennen darf. Im bergischen Städtedreieck heißt er in Elberfeld und auch in Remscheid „Boxenpitter“, in Barmen kürzer „Boxepitter“. In Solingen und nebenan, im niederbergischen Haan zum Beispiel, ist die Rede von einem „Böxepitter“, der orthografisch zunächst noch als „Böcksepitter“ seine winterliche Karriere begann. Im Rheinisch-Bergischen gehört er als „Weckkähl“ zum Adventsinventar.

Kein Wunder: Das kulinarische „Kind“ hat eine Menge Namen, es ist halt be- und geliebt im ganzen Land und, erst recht mit reichlich Zuckerguss oder Schokolade „aufgebrezelt“, auch noch ungemein schmackhaft.

Das Hefegebäck, in Anlehnung an Weck und Wecken, die aus Weizenmehl produziert werden, wird mit Weckmann übersetzt, aber ungleich lustiger sind die volkskundlichen Versuche einer ins Hochdeutsch gedrechselten Erläuterung.

Das reicht von einem „Kind in der ersten Hose“, einem Hosenmatz oder Knirps, einem kleinen, „in einer Hose drollig aussehenden Jungen“ bis zum Pfeifenkerl und Stutenmann. Dabei gehört das weiße Pfeifchen aus Ton, das im Kannenbäckerland hergestellt wird, ebenso dazu wie zwei Korinthen oder Rosinen als Augen, und fertig ist der leckere Kerl, der „in Form kleiner Hampelmänner“ erscheint, wie man es in den fünfziger Jahren umschrieb.

Interessant dabei ist ohne Frage, dass sich in den unterschiedlichen Landschaften des Bergischen fast überall der Name Pitter für Peter durchsetzte, und entsprechend schießen die Spekulationen ins Kraut. Die Zielrichtung heißt Westen. Denn ausgerechnet in Köln gibt es Pitter ohne Zahl: an erster Stelle den volkstümlich so bezeichneten „Dicken Pitter“, die 1923 gegossene, 500 Zentner schwere Petersglocke im Südturm des Kölner Doms, die größte freischwingende Glocke der Welt. Mit dem „drüjjen Pittor“, den Adam Wrede in seinem „Kölnischen Wortschatz“ ebenfalls einführt, wird der St. Petersbrunnen vor der Ostseite der Kölner Kathedrale beschrieben, der, sein Wasserspiel gebe leider einfach nicht mehr her, „oft trocken steht“ und damit seinen Beinamen weg hat.

Tiefe Frömmigkeit und pralle Lebenslust haben bekanntlich in Köln zu einer phantastischen Symbiose gefunden, daher darf auch ein drittes Beispiel nicht fehlen. Kölschtrinker wissen es ohnehin, dass in ein „Pittermännche“ genanntes Fass 10 bis 12 Liter obergäriges Bier gut hineinpassen.

Und auch wenn mundartlich unsere bergische „Böxe" so gar nicht zur Kölner Dialektentsprechung, der „Botze" (für Hose) passt, wer weiß, ob der Weckmann-Pitter nicht irgendwann einmal auf geschichtlich belegten Handelswegen mit wagemutigen Kaufleuten über den Rhein zu uns ins rechtsrheinische Wupperland gekommen ist?

Ähnliche Fragezeichen hält der Weckmann auch parat, wenn es um seinen appetitlichen Verzehr geht: In sehr alten Quellen liegt er erst auf dem finalen Weihnachtsteller, in jüngerer Zeit hat er sich immer weiter in den Advent vorgearbeitet. Zu St. Martin wird er vom hohen Ross aus an hungrige Mäuler verteilt, und wer ihm da nicht begegnet und ihn zum (Fr-)Essen gern hat, kriegt garantiert zum Nikolaustag noch eine zweite Chance.

Mit dem heiligen Nikolaus schließlich ist eine seiner Herkunftstheorien verbunden, dann wäre der in der Domstadt „Weggemann" oder „Weckditz" Genannte ein christlicher Adventsbrauch. Wer es weitaus älter mag, kann der These beipflichten, schon die alten Germanen seien prähistorische Weckmann-Urväter, da sie bereits ihre heidnischen Göttinnen mit Kuchen beschenkten, um deren Gunst zu gewinnen.

Andererseits: Könnte der Name des „Boxenpitters" nicht auch womöglich (nur) darauf hindeuten, dass vornehmlich sehr kleine Jungs, Bübchen, wie man in der Nachkriegszeit sagte, also diese zitierten „Kinder der ersten Hose", die wichtigsten Adressaten waren, für die die Weckmänner in den Backofen geschoben wurden, weil die Kleinen sie mit ihren Milchzähnen ganz gut zerkleinern konnten?

Rätsel über Rätsel, und ab und an auch eine progressive Neuerung, eine regelrechte Böxepitter-Reformation: 1985 legte Eckhard Weber, ein junger Bäckermeister im Bergischen, eine ausgefallene Version vor. Sein Weckmann hielt statt der traditionellen Tonpfeife, man höre und staune, einen Eishockeyschläger in den Armen – ein deutliches Indiz für die überbordende Sportbegeisterung des Meisters.

PS. Geschmeckt hat dieser „verfremdete" moderne Weckmann natürlich genauso perfekt wie seine zahllosen, ihm vorausgehenden Pfeifenmänner. Der Verfasser hat sich, nur aus wissenschaftlichen Gründen, selbst davon überzeugt.

Eisbahn mit Musik

Groß und vor allem Klein tummeln sich quirlig-wuselig oder auch sportlich-ambitioniert mit elegant gestylten Kufen in bergischen Eissporthallen beträchtlichen Kalibers und in winterlich „umgemodelten" Freibädern. Eislaufen ist Event, mit allen Disco-Lichteffekten und einer kompakten Musikbeschallung, die heutzutage zu einer solchen Freizeit-Show einfach gehört.

In der wilhelminischen Ära der Urgroßeltern war Schlittschuhlaufen noch ein eher elitäres Outdoor-Vergnügen, die Damen schwebten mit langem Rock und pelzbesetzten Jäckchen am Arm des Partners über die Eisfläche, die Herren waren nach der Mode der Zeit gut „behütet“, wie entsprechende Fotos mit Braunstich dokumentieren.

„Eisbahn mit Musik im Hammertal“, warb eine zeitübliche Restaurant-Annonce, denn in erster Linie Gastwirte machten damals ein Riesengeschäft mit ihren Teichen, wenn sie zugefroren und stabil genug vereist waren, oder mit eigens angelegten „Litschbahnen“ zum Amüsement der Gäste. Eislaufen war für die deutlich Wohlhabenderen ein Luxus, den man sich gönnte, war gesellschaftlich „in“.

Da ist es keineswegs verwunderlich, dass ein lokaler Anzeiger sogar eine redaktionelle Notiz darüber verfasste, dass in seinem 16 000-Einwohner-Städtchen am rheinischen Rand des Bergischen Landes tatsächlich schon 1885 „in den hiesigen Handlungen“ alle Schlittschuhe ausverkauft waren.

Die heimische Schuljugend hingegen amüsierte sich etwas preisgünstiger auf den natürlichen Eisbahnen, sprich auf den zugefrorenen Bachläufen, den Weihern und Teichen im Dorf und in der Nachbarschaft, am Engelsberger Hof und an der Schwanenmühle, oder, das absolute Highlight, auf der ganze Kinderscharen anziehenden Eisfläche der manchmal sogar teilweise zugefrorenen Wupper, die dann nicht nur für meteorologische Schlagzeilen sorgte, sondern eine erstklassige spiegelglatte Rennbahn für Mutige und Übermütige abgab. Bis, ja bis plötzlich einsetzendes Tauwetter das sportliche Vergnügen über Nacht in ein lebensgefährliches Abenteuer verwandeln konnte.

Das dazu benötigte Sportgerät hatte in diesen frühen Jahren einen denkbar kurzen Weg zu seinen Konsumenten. Denn seit alters her waren und sind Remscheid und Cronenberg, heute ein Stadtteil von Wuppertal, die klassischen Städte der Schlittschuhmacher; selbst in einigen Schleiferkotten an der Wupper wurden Schlittschuhe neben den üblichen Messern und Scheren gleich „mitgemacht".

Wunschzettel an die Agger

Das Christkind, man muss nur intensiv genug daran glauben und der Deutschen Post AG am besten gleich mit, dieses märchenhafte himmlische Wesen hat – fast möchte man sagen, wie jedes andere Dienstleistungsunternehmen auch – eine fünfstellige Postleitzahl, über die man relativ mühelos dessen irdische Dependance im Bergischen Land erreichen kann.

Sie haben richtig gelesen: Ganz gegen den Trend, dass auch hierzulande immer häufiger die alten Postämter in prächtigen Jugendstilgebäuden dichtgemacht und durch moderne Postagenturen oder -shops ersetzt werden, hat das allzeit gabenfrohe Christkind im Bergerland nach wie vor seinen stabilen Wohnsitz.

Mit 45 Cent für die Postkarte, noch besser natürlich mit 58 Cent für einen ordentlichen Briefumschlag und der richtigen Ziffer, der 51766, erreicht jeder Wunschzettel garantiert ein charmantes oberbergisches Örtchen mit dem geradezu programmatischen, weihnachtsfrohen Namen Engelskirchen.

Und damit, daran glauben zumindest fast 150 000 Kinder pro Jahr, egal, ob aus deutschen Landen, aus dem afrikanischen Togo oder aus Hongkong und China, ist man an der Top-Adresse für die Erfüllung aller Festtagswünsche gelandet, zumindest aber an der Schaltstelle zur Weiterleitung dieser an die höheren Instanzen.

Dabei spielt es, wie die Deutsche Presseagentur aus dem winterlichen Nähkästchen plaudert, keine Rolle, ob eine CD des umschwärmten Stars, eine Playstation oder der ersehnte Aufstieg des Lieblingsfußballvereins in die weihevollen Hände des Christkinds gelegt werden. Das wird es via Engelskirchen gewiss schon irgendwie richten, hoffen die jungen Briefschreiber inständig, die übrigens allesamt per Post, versteht sich, mit einer netten und optimistischen Antwort aus dem Städtchen rechnen dürfen.

Sollte man da den kindlichen Herzen wirklich aufklärend auch mitteilen, dass das Heer der bergischen Heimatforscher beim Stichwort Engelskirchen, zwischen Overath und Gummersbach an der Agger gelegen, nicht primär an einen geflügelten Himmelsboten denkt, sondern an einen wahrhaft weltbekannten Friedrich?

Friedrich Engels sen. nämlich, der in Barmen ein einflussreicher und erfolgreicher Textilfabrikant war, gründete 1841 in eben jenem Engelskirchen eine neue Firma, die Baumwollspinnereien Ermen & Engels. Und sein noch berühmterer Sohn Friedrich jr., der vermutlich mit Karl Marx erheblich mehr am Hut hatte als mit dem Christkind, der übernahm sogar im November 1850 kurz die Leitung dieses Unternehmens.

Doch das sollte man wohl besser den jungen Wunschzettel-Verfassern verschweigen, zumal es ja sowieso um Weihnachten herum von Geheimnissen aller Art wimmelt.

Für Sibirien ein Zwiebel-Orakel

Welch ein bergisches Wehklagen löste einst Konrad Adenauer, der erste Kanzler der Bundesrepublik, aus, als er die rechtsrheinische Heimatregion von Walter Scheel, seinem Minister für wirtschaftliche Zusammenarbeit, ins Visier nahm und sie, aus seiner sehr persönlichen kölschen Perspektive ohne Umschweife garstig mit „Sibirien" gleichsetzte.

Welch ein unmöglicher Vergleich, jammerte es Wupper rauf, Wipper runter, alle Bemühungen ums touristische

Werben schienen mit einem einzigen (Un-)Wort dahin. So klagten die Berger, aber sie taten, wie historische Forschung mittlerweile bewiesen hat, dem Alten von Rhöndorf damit doch ziemlich Unrecht. Die Bergischen selbst, belegt eine Zeitungsnotiz aus dem Jahr 1905, erfanden schon das bittere Bild von Sibirien, ordneten ihr Areal selbstkritisch als, sagen wir mal, nur mäßig attraktiv ein, was minimale Wetterfreuden und massive Unbilden angeht.

Wortwörtlich klang das tatsächlich so: „Trotzdem das Bergische Land so nahe der schönen Rheinebene liegt, hat unsere Gegend meist nur wenig Sonnenschein und blauen Himmel aufzuweisen, sodass mancher Fremde, der bei uns längeren Aufenthalt zu nehmen gezwungen ist, sich über dieses Klein-Sibirien, Bergisches Land genannt, höchst verwundert."

Im Sommer, könnte man optimistisch glauben, seien noch wolkig-blaue Hoffnungsstreifen am Horizont zu entdecken. Aber bereits im Herbst kommt Tristesse in unseren Breiten auf, die keine Geringere als die westfälische Dichterin Annette von Droste-Hülshoff 1841 in ihrer Ballade „Der Tod des Erzbischofs Engelbert von Köln" besingt: „Wie dämmerschaurig ist der Wald an neblichten Novembertagen."

Und auch in den winterlichen Hochzeiten ist garantiert Kapriolenwetter angesagt. Mal wird, im Februar 1929, ein Superkälterekord von minus 32 Grad registriert, mal werden im Januar 1942 noch immer beachtliche minus 23,6 Grad gemessen. Und immer macht, in der unterhaltsamen Formulierung des alten „Ohligser Anzeigers", „das Barometer die größten Spaziergänge in diesem Winter".

Und wenn es im rheinischen Teil des Landes, in Erkrath und Wülfrath etwa, noch heftig aus Kübeln regnet, zielen die kleinen Jungs im oberbergischen Radevormwald und Marienheide längst mit handgefertigten Schneebällen auf ahnungslose Mädchen oder ihre männlichen Konkurrenten von nebenan, kurz, auf alles, was sich in der weißen Pracht mehr oder weniger flott bewegt.

Im kuriosen Winterwetterland ist zudem Platz für zoologische Sensationen. Schon vor 200 Jahren publizierte ein Blatt eine geradezu tierische Wetterprognose für die traditionell kalte Jahreszeit: „Eines der untrüglichsten Zeichen von einem späten und harten Winter sind die im Nachsommer außerordentlich hoch aufgetürmten Ameisenhaufen in den Heidegebüschen."

Damit noch nicht genug: Vor ziemlich genau sechzig Jahren zum Beispiel entdeckte eine Tierfreundin namens Rosemarie aus und in Müngsten eine Rarität allerersten Ranges. Folgen wir dem mitfühlend-pathetischen Berichterstatter jener Tage: „In den sturmdurchtobten Wäldern unter der Riesenbrücke entdeckte sie einen Maikäfer, der sich eigentlich schon längst zu seinen Vorfahren hätte begeben sollen. Es bedurfte allerdings nur einer liebevollen Aufwärmung und aus dem leblosen braunen Etwas wurde ein fröhlich krabbelnder Maikäfer. Wenn es auch zu einem Flug noch nicht reichte, so spricht doch seine Verfassung dafür, dass er alle Aussichten hat, auch noch der erste Maikäfer des neuen Jahres zu werden."

Und selbst die höchsten Feiertage entlassen den wahren, den bodenständigen Berger nicht aus der Sorge, wie das kommende Jahr Regen und Sonnenschein wohl verteilen werde. Drum machte sich ein Bauer aus dem Bergischen ausgerechnet in der Heiligen Nacht, so geht die seit hundert Jahren regelmäßig überlieferte Geschichte, an die penible Arbeit, mittels einer großen Zwiebel quasi Wetterprophet zu spielen.

Und das ging folgendermaßen. Der Landmann schnitt besagte Zwiebel in zwei gleich große Stücke und bestreute die beiden Hälften kräftig mit Salz. Nachdem das Salz eine gute Stunde eingezogen war, schälte er die Zwiebelhälften vorsichtig auseinander und dann signalisierte ihm angeblich jede durch Salzeinwirkung feucht gewordene Schale einen „nassen" Monat des kommenden Jahres, jede einigermaßen trocken gebliebene einen regenarmen Monat.

Wer das altväterliche Ritual fürs nächste Jahr selbst einmal wiederholen möchte, sollte freilich sehr behutsam zu Werke gehen. Zu viele weihnachtliche Tränen im Angesicht des zauberhaften Zwiebel-Orakels könnten ansonsten die Vorhersage entscheidend verfälschen.

Wetterwette

Er hatte sicherlich nicht gerade seinen Sonnentag, der frühere ARD-Wetterfrosch namens Jörg Kachelmann, als er der Nation einmal seine sehr persönliche, nicht unbedingt hieb- und stichfeste Definition des Bergischen Landes verkaufte. Von den namengebenden Grafen von Berg hatte der muntere Sprücheklopfer aus der Schweiz offenkundig noch nie gehört, denn seine mehr als lückenhafte Erklärung ging so: „Die Wolken ziehen über Holland, das ist alles flaches Land. Dann kommt ein Berg, da ist das Bergische Land."

Verglichen damit sammelte „Radio Luxemburg" an einem Wintertag des Jahres 1986 mit einem Schlag all unsere Sympathien. Denn als dort wie üblich „die aktuellen Temperaturangaben aus den Hauptstädten Europas", beispielsweise aus Wien, Rom, Madrid und Brüssel, abgerufen und vorgetragen wurden, rutschte, unsere bergischen Ohren mochten es kaum glauben, in die Liste der glanzvollen Metropolen auch plötzlich die heimische Klingenstadt.

O-Ton aus Luxemburg: „Solingen, minus sechs Grad, leichter Schneefall." Erster Gedanke: „Haben die ihren Atlas verbrannt?" Der zweite: „Etwa zu viel Alkohol konsumiort?"

Vor weiteren wilden Vermutungen meldete sich im Sender zerknirscht RTL-Moderator Jochen Pützenbacher, selbst gebürtiger Solinger, und beichtete: Er hatte mit seinen Kollegen gewettet, dass die sein Solingen in ihrem internationalen Wetterbericht nicht unterbringen würden – und so seine Wette eben verloren.

Bleibt, zum Stichwort Wetter, der Blick in das historische Postkartenalbum einer bergischen Schirmfabrik. Da schreibt in den zwanziger Jahren ein Angestellter aus dem Winterurlaub in Arosa gleich das gesammelte Branchenbedauern auf: „Leider sind hier oben keine Schirme modern, weil es gar keinen Regen gibt." Und ein anderer meldet sich aus der „Schneeeinsamkeit bei Lech" und grüßt, saisonbedingt und durch und durch firmenkonform, fesch „mit Ski- und Schirm-Heil".

Vermuteter Hintergedanke: Wenn im Bergischen schon kein Schnee fällt, auf den Regen ist allemal Verlass.

Hamstern im Hungerwinter

Wer heute 75 Jahre und älter ist, kennt sie, aus eigener Anschauung, aus schmerzlichem Erleben, die Schattenseite der adventlichen Vorfreude, Weihnachten in den Kriegsjahren, Weihnachten in der Nachkriegszeit. Es waren bittere Erfahrungen, die ihre Kindheit oft traumatisch prägten.

Da fuhren die Frauen der Familie, Mütter und Großmütter, mit einem Rucksack auf dem Rücken Hunderte von Kilometern mit dem Zug zum Hamstern, über Köln hinaus in die Eifel bis hinunter zur Mosel, auch zum linken Niederrhein. Im Gepäck Textilien, Werkzeuge und Schneidwaren aus heimischer Produktion, wenn‘s hoch kam, die letzten Reste des Familienschmucks oder was man selbst für wertvoll erachtete.

Hamstern hieß Tauschhandel, Brotmesser und Papierschere gegen ein Stück Speck oder eine paar Kartoffeln. Am Ende von langen zermürbenden Fußmärschen durch Felder und Ackerland, von Bauernhof zu Bauernhof, war das Ergebnis deprimierend genug, und die Rückreise ins Bergische wurde oft auf den Trittbrettern oder Puffern zwischen den Waggons zu einem lebensgefährlichen Abenteuer, wenn kein Platz mehr in den überfüllten Eisenbahnwagen zu finden war.

Da kletterten Jugendliche, Schüler noch, auf die fahrenden Güterzüge, die von Langenfeld und Hilden heranrollten, um im großen Stil Kohlen zu „klauen“, eine ähnlich gefahrvolle Aktion, erst recht, wenn die in der Dunkelheit heruntergeworfenen Säcke zwischen den Schienen wieder aufgesammelt wurden. Unfälle waren in der begreiflichen Hektik an der Tagesordnung.

Andere gingen in die heimischen Wälder, um Bäume zu fällen und Brennholz zu „organisieren“, das mit Karren, im Winter noch mühseliger mit dem Schlitten durch die zerbombten Straßen nach Hause geschafft werden musste.

Die Situation der Menschen im Bergischen Land ist für uns Nachgeborene kaum vorstellbar. Joseph Pütz, der spätere NRW-Finanzminister, hat in der persönlichen Rückschau seine politischen Anfänge um 1945 beschrieben: „Es gab keine Post- und keine Bahnverbindungen, vom Telefon ganz zu schweigen, Benzin gab es nur für Fahrten zur Aufrechterhaltung der Versorgung mit Lebensmitteln und sonstigen lebensnotwendigen Gütern. Es bestand daher praktisch keine Verbindung zwischen den einzelnen Städten. Papier war eine Rarität. Manche Sitzung musste vorzeitig abgebrochen werden, weil, wie es jedesmal lakonisch im Protokoll hieß, das Licht ausging."

Seine frühe Arbeit als CDU-Ratsmitglied in der jungen, im Aufbau befindlichen Demokratie endete im symbolischen Protest: „Wir hatten demonstrativ die damalige Wochenration, bestehend aus einem Schüsselchen Sauerkraut und dreieinhalb Pfund Schwarzbrot, auf dem Tisch unserer Ratsstube aufgebaut und legten unter Protest gegen die schlechte Versorgung die Ratstätigkeit nieder." Und in den Straßen der bergischen Städte organisierten sich immer wieder Tausende von verzweifelten Arbeitern zu ihrer, wie sie es nannten, „Hungerdemonstration".

Als der berüchtigte „Hungerwinter" 1947 begann, setzte in seiner Silvesterpredigt der Kölner Erzbischof Joseph Kardinal Frings schließlich ein Mut machendes Zeichen, indem er den Diebstahl als letztes Mittel zum Überleben entschuldigte. Mit dem Satz, der das nach ihm benannte „Fringsen“ begründete, hieß sein historischer Ratschlag an die Hungernden: „Wir leben in Zeiten, da in der Not auch der Einzelne das wird nehmen dürfen, was er zur Erhaltung seines Lebens und seiner Gesundheit notwendig hat.“

Bis ein Holzpferdchen in Form gebracht war, brauchte ein „Experte“ viel Geduld und eine ruhige Hand.

Und Weihnachtsgeschenke in diesen vierziger Jahren? Es war die hohe Zeit der bergischen „Knösterpitter“, von handwerklich begabten Eltern und Verwandten, die mit Hammer und Nägeln, mit Laubsäge und Werkzeugen der allerletzten Wahl für die Kinder Puppenstuben, Kaufläden oder Holzeisenbahnen zusammenbastelten, schraubten und bemalten. Hölzerne Dominosteine, ein Bilderbuch, ein „Mensch ärgere Dich“- oder „Dame und Mühle“-Spiel gingen als unverhoffte und gefeierte Extras durch, die man wie einen Schatz hütete.

Im wahrsten Sinn des Wortes provisorische Kleidungsstücke, aus verschlissenen Militärmänteln genäht, für Geschwisterkinder gleich mitkonzipiert, mit einem ordentlichen Saum zum späteren „Rauslassen“, sie waren dennoch begehrt genug. Selbstgeschneidertes musste in erster Linie wärmen und ziemlich lange halten, da war kein Geld für modischen Schnickschnack, Ästhetik war überhaupt nicht gefragt.

Und das allergrößte Geschenk, das war in vielen Familien ohnehin der überraschende, unverhoffte Besuch des Vaters am Weihnachtstag, direkt von der Front.

Fazit: Wer sich von denen, die Weihnachten so vor sechzig, siebzig Jahren erlebt, besser erlitten haben, ihre Geschichten erzählen lässt, der findet viele gute Gründe, sich heute in Dankbarkeit und Demut auf die friedensstiftenden Inhalte des Festes zu besinnen.

Türritzen dicht

In einer Zeit, als von Lichttherapie, Klimawandel und Energiewende noch keine Rede war, trommelten die Lokalblätter im Bergischen bereits winterliche Sparappelle in sehr schlichten Reimen. Das klang im Dezember des Kriegsjahrs 1942 so: „Macht Tür- und Fensterritzen dicht! Die Straße heizt man besser nicht. – Macht Wasser warm in kleiner Kanne, nur halb voll sei die Badewanne! – Wir wollen den Winter vereint besiegen. Heizt Zimmer, die übereinander liegen! – Nach 10 Uhr erst wird Staub gesaugt, dieselbe Zeit zum Bügeln taugt!"

Advent-Reportage aus der Unterwelt

1980 wurde ein Wort des Propheten Micha zum Polit-Programm: Die junge protestantische Friedensbewegung in der früheren DDR nähte sich mutig einen Sticker auf die Kleidung und forderte darauf: „Schwerter zu Pflugscharen". Das ungemein populäre Symbol könnte in der bergischen Geschichte rückblickend ein frühes Beispiel für eine ebenfalls friedliche Nutzung von „Kriegsgerät“ finden, nur müsste man eine Nachkriegs-Variation wählen, nämlich: Bunker zu Gewächshaus.

Jener Bunker, so beschreibt es eine Lokalreportage im Advent der vierziger Jahre, war ein düsterer Schauplatz, als der Zweite Weltkrieg 1945 zu Ende ging, er war die letzte offizielle „Schaltzentrale“ sozusagen. Hierhin zogen sich die Kreisleitung der NSDAP und der amtierende Bürgermeister zurück, in einen Teil des weitläufigen großen Bunkers in Solingen-Wald, der sich von der evangelischen Kirche bis zum (damaligen) Hindenburgplatz erstreckte.

Aber ein Jahr später schon blühte wieder gleichsam neues Leben in zwanzig Metern Tiefe.

Wer den Bunkereingang an der historischen Kirche betrat, landete im dämmrigen Licht von Karbidlampen überraschend in einem unterirdischen Gewächshaus. Hier züchtete auf zwölf Großanlagen mit je dreißig Beeten Paul Winterhagen Champignons.

Als Soldat in Frankreich hatte er 1917 im Ersten Weltkrieg das biologische Knowhow gelernt und sich die nötigen Tricks abgeguckt. Die Wahl auf den Bunker in Wald fiel deshalb 1946, als dessen Gegenstück in Wuppertal-Elberfeld, wo Winterhagen seine ersten Pilze hatte wachsen lassen, gesprengt worden war.

Direkt unter dem Zentrum des „Wauler Dorps“, so demonstrierte Winterhagen stolz auf einem Rundgang, waren Anbauflächen, die Sporenzucht und „das Laboratorium“ angelegt. Hygiene wurde groß geschrieben:

Erst nach einer Passage der Desinfektionsstreifen auf dem Boden konnte der staunende Reporter sich den kleinen Champignons nähern, die im heimischen, qualitativ hochwertigen Pferdedünger heranwuchsen.

Der willkommene Lohn all seiner Mühen: Winterhagen verkaufte seine kostbare, weil ballaststoff- und vitaminreiche Ware „aus der Unterwelt" an Hotels und Krankenhäuser in Solingen und Wuppertal und hatte zudem Kundschaft im gesamten Regierungsbezirk Düsseldorf.

Der Bunker, einst Sinnbild des Krieges und des Schreckens, hatte im wahrsten Sinn des Wortes eine neue „Lebensqualität" gefunden.

Zwischen Keule und Kohldampf

In unseren Bergen haben Essen und Trinken einen hohen Stellenwert, zum mundartlichen Zitatenschatz darüber gehört die lapidare Feststellung: „Wir sind nit riek, wir eten äwwer guot" (Wir sind nicht reich, aber wir essen gut). Das „gute Essen" war vor reichlich hundert Jahren, sommers, winters, erst recht zu Weihnachten, die gängige Küchenlosung. Der Wuppertaler Heimatforscher Otto Schell notierte in einem kurzen Satz den Minimal-Speisezettel der Kaiserzeit: „Schwarzbrot, Kartoffeln, Gemüse und Schweinefleisch bilden heute die Hauptnahrung des eigentlichen Landbewohners."

Dazu kamen Brotbrei, Biersuppe und Schmer, die Bezeichnung für Butter in Tönisheide, auf den Tisch, Kohl und Bohnen zumeist, Beerenobst aus eigenem Anbau, dazu Apfel- und Pflaumenkuchen, außerdem, die Bergische Kaffeetafel lässt grüßen, Milchreis mit Zucker und Zimt.

Keine Extras, aber solide Mahlzeiten, und in der historischen Tageszeitung wurde eine Mahnung an die Hausfrau abgedruckt, dem womöglich aufwallenden Zorn des Ehegatten fröhlich und fleißig entgegenzukochen. Es klingt wie eine küchenpsychologische Binsenweisheit, aber es ist bestimmt was dran: „Unschmackhafte Speisen haben auf die Stimmung einen nicht hinwegzuleugnenden Einfluss."

In den höheren Kreisen, so nannte man damals die gesellschaftlichen Eliten, war die Küchenwelt eine gänzlich andere. Hier servierte eine Bedienerin, so erinnerte sich Else Lasker-Schüler, die expressionistische Dichterin, an die Wonnen ihrer Kindheit, die darin bestehen konnten, dass „die Mama mir heimlich eine Zuckerfreude ins kleine karierte Kleidertäschchen steckte". Und wenn im Haushalt des Privatbankiers in Elberfeld der illuminierte Plumpudding „mit Feuer und Weinsauce, dieses vornehme, gefährliche Gericht", feierlich hereingetragen wurde, dann erlag die kleine Else gebannt und begeistert der theatralischen Faszination des Augenblicks.

Getafelt wurde im großen Stil auch bei außergewöhnlichen Anlässen mit einer Vielzahl auswärtiger Gäste, zum Beispiel zur Einweihung der Müngstener Brücke.

Da stand auf der Speisekarte der „Eisenbahnfeier“ Ostender Steinbutt mit Austernsauce, Rehbraten mit frischen Champignons und zum Dessert Diplomaten-Eis, in Schloss Küppelstein gab es bayerische Würste und Braten mit Kartoffeln, wobei, wie die Chronisten berichteten, „manches Glas perlenden Weines geleert wurde“.

Wer es sich leisten konnte, ging zur Jagd und schoss sich den Festtagsbraten gleich selbst, wie sich der Bonner „Hofchronist“ Walter Henkels erinnerte. Amüsiert skizzierte der bekannte Anekdotensammler die Leidenschaft seines in Nesselrath jagenden Vaters, der seinem Sohn übrigens keinen schwarzen oder blauen, sondern einen dunkelgrünen Konfirmationsanzug verpasste, weil für den Waidmann aus Leichlingen gar keine andere Farbe dafür in Frage kommen konnte.

Und wer sein Wildbret nicht selbst zuhause aß, der konnte damit immerhin anderen eine Freude machen, wie ein Blick auf die Speisekarte eines Bonner Gastronomiebetriebs aus dem Jahr 1977 dokumentiert. Der bot, mit dem zugkräftigen exklusiven Zusatz „Für unsere Feinschmecker“ Folgendes an: „Frische Wildschweinskeule mit Apfelrotkraut (Dieses Wildschwein wurde in der Eifel vom Bundespräsidenten Walter Scheel erlegt.)“

Halten wir fest: Seit das Wirtschaftswunder unsere Küchen, Keller und Teller erreicht hat, seit den sechziger Jahren ist das Weihnachtsessen allgemein und weit verbreitet eine festliche Angelegenheit. Kaninchen, Gans, Lachs, je nach Geschmacksrichtung, auch rheinischer Sauerbraten gehört seit Jahrzehnten zum kulinarischen Feiertagsstandard, zubereitet nach familiär gefärbten oder veränderten Rezepten, die wie gehegte Fotoalben durch die Generationen wandern.

Dass es dabei oft weniger filigran als vielmehr bergisch-deftig zugeht, bezeugte 1994 Johannes Rau, als er vom Ess-Magazin „Der Feinschmecker" befragt wurde, wie er sein eigenes Restaurant wohl nennen würde. Die erfrischend ehrliche Rau-Antwort lautete: „Angesichts meiner wenig ausgereiften Kochkunst würde ich es ‚Kohldampf' nennen."

In das gleiche Küchen-Horn blies 1982 auch die Kochbuch-Autorin Gisela Putra, der zum kräftigen und sehr kalorienreichen Berger-Essen der pointierte Satz einfiel: „Der französische Küchenpapst Paul Bocuse würde schon beim Lesen der Rezepte in Ohnmacht fallen."

Ähnlich sah das 2003 ebenfalls ein richtiger Profi, Top-Koch René Conrad im Wuppertaler Restaurant „Scarpati": „Hier im Bergischen Land kann man nicht den kreativen Überflieger geben, der Geschmack ist eher konservativ."

Aber egal ob nun eine goldbraun-knusprige Gänsebrust, erlesene Krustentiere mit pikanter Asia-Würze oder der alternative schlichte Kartoffelsalat mit Würstchen das Nonplusultra aus der Küche bedeuten, wir stehen doch alle in der langen Tradition unserer genussfreudigen Vorfahren, an die der Journalist Bruno Jordan bereits vor achtzig Jahren erinnerte: „Schon in ältester Zeit legte man, wie uns überliefert wird, in unserer bergischen Heimat großen Wert auf die Magenfrage." So kann man es auch ausdrücken. Und damit guten Appetit!

Kranz und Kerze

Kränze haben in der bergischen Volkskunde eine lange Tradition. In der klassischen „Obstkammer“, zum Beispiel in der Blütenstadt Leichlingen und dem Höhendorf Witzhelden, wurden schon im 19. Jahrhundert regelmäßig Strohkränze in der Weihnachtszeit in die Apfel- und Birnbäume gehängt, um deren Fruchtbarkeit im folgenden Jahr zu beschwören. Auch aus Efeu oder Misteln wurden solche Kränze gebunden.

Verglichen damit ist der uns heute vertraute Adventskranz erst im ersten Drittel des vorigen Jahrhunderts in unseren Breiten heimisch geworden. Er wird ursprünglich nur aus Tannengrün hergestellt und mit vier roten Kerzen geschmückt. Die Symbolik dieser vier Kerzen wird unterschiedlich interpretiert; dass er vier Wochen vor Weihnachten den Blick auf diese hohen Feiertage lenkt, scheint dabei erheblich überzeugender als die Annahme in bergischen Blättern um 1900, die vier Kerzen stünden für die vier Jahrtausende vor Christi Geburt. Neben diesem Kranz, der üblicherweise im Wohnzimmer auf dem Tisch liegt und Woche für Woche, Kerze um Kerze heller strahlt und den Countdown am Adventskalender begleitet, hat in den achtziger Jahren der aus Amerika übernommene Brauch, die Haustür mit einem weiteren Adventskranz zu schmücken, auch im Bergischen immer mehr Anhänger gefunden.

Mit der christlichen Metapher, dass Jesus Christus das Licht der Welt sei, begründet sich der Brauch, auch den Tannenbaum mit Kerzen zu schmücken. Auf den Dörfern war das für viele eine unerschwingliche Investition und so gibt es Berichte, dass in manchen Orten nur wenige Familien sich einen solchen Lichterbaum leisten konnten und die Nachbarn regelrecht zu Besuchen eingeladen wurden, um wenigstens den Festtagsschmuck zu bewundern.

Die Kerzen wurden, wie man aus dem Oberbergischen erzählt, in ärmeren Gegenden von den Frauen selbst „gebastelt". Diese nahmen Holunderzweige und schnitten sie auf die gewünschte „Kerzenlänge" ab. Dann wurde das Mark mühselig aus dem Inneren entfernt. Anschließend wurde der Hohlraum mit heißem Wachs oder Rindertalg aufgefüllt und ein Docht, das heißt wohl eher ein Stück Kordel oder eine Schnur, eingeführt. Das Ganze ließ man erkalten und fertig war die Kerze.

Seit 1930 etwa sind Kranz und Kerze inzwischen winterliche Alltagsgegenstände geworden, gelegentlich konnten sie aber auch Träger einer besonderen kollektiven Weihnachtsbotschaft an die Menschen in der früheren DDR werden, wie die Eigenanzeige in einer bergischen Lokalzeitung vom Heiligabend 1960 belegt: „Heute, 19 Uhr, daran denken: Stellt Kerzen in die Fenster, als Gruß über die Zonengrenze!"

Zu den beeindruckenden Begegnungen im Advent wurde für viele Solinger, dank der seit 1957 gepflegten und gelebten Städte-Partnerschaft mit dem niederländischen Gouda, der Besuch des dort begangenen „Kerzenfestes“, das die malerische Altstadt mit historischen Kaufmannshäusern stimmungsvoll illuminiert. Selbst die damals gerade inthronisierte junge Königin Beatrix konnte sich im Dezember 1980 dem Charme des romantischen Lichtermeeres nicht entziehen und fuhr ins berühmte Käsestädtchen nach Gouda, wo ihr Georg Schlößer, der damalige Oberbürgermeister der Klingenstadt, vorgestellt wurde. Da sorgte das Adventslicht für eine friedliche Begegnung unter Nachbarn.

Eine Krippe auf Zeitungsseiten

Ein augenfälliges Detail des geschmückten Weihnachtszimmers verrät schon auf den ersten Blick dem Besucher, dass der Gastgeber wahrscheinlich dem römisch-katholischen Glauben angehört: die Weihnachtskrippe nämlich.

In der Mitte des 16. Jahrhunderts von den Jesuiten „erfunden“, um den großenteils noch leseunkundigen Gläubigen die Szenerie des Stalles von Bethlehem am Kirchenaltar nahe zu bringen, gehört die Krippe in den prächtig geschmückten Pfarrkirchen und Kapellen für die Katholiken heute zum Kinderherzen bewegenden Festtagsinventar. Manche Städte haben inzwischen sogar regelrechte Krippenwege eingerichtet. Diese können zu ganz unterschiedlichen Installationen in den einzelnen Pfarreien führen, was Alter, verwendete Materialien, Ausstattung und Dekor angeht.

Seit gut neunzig Jahren hat darüber hinaus der Brauch, sich auch das eigene Heim mit einer Hauskrippe zu gestalten, in wachsendem Maße Anhänger gefunden, wobei der Zuzug von sogenannten „Gastarbeitern“ in den fünfziger Jahren aus Südeuropa eine zum Teil erfrischende Farbigkeit in die individuelle Krippengestaltung brachte.

Wurden die Figuren aus verschiedenen Materialien, erst Wachs, später Gips oder Keramik, meist gekauft oder etwa im Urlaub von den Holzschnitzern in Oberammergau erworben, so war vor allem in der Nachkriegszeit die Konstruktion des dazugehörigen Stallgebäudes erste Großvater-Pflicht. Alte Bretter aus demolierten Bettgestellen, Reste von Dachpappe, gesammelte Ähren und Stroh, was aufzutreiben war für das Stallgebäude, wurde liebevoll zusammengeleimt oder gehämmert.

Die mit Moos, Tannenzweigen oder den roten Beeren und den Stachelblättern der immergrünen heimischen Stechpalme dekorierte Herberge durfte schlicht, ärmlich, ja regelrecht erbärmlich sein und wirken, denn schon ein einziges Kerzenlicht verzauberte zum Schluss das Ensemble; ohnehin war das Christkind in seiner Mini-Krippe uneingeschränkt die Hauptfigur, neben der alles andere verblassen musste, Engel, Schafe und Hirten, selbst Ochs und Esel, die ihren Stammplatz traditionell in unmittelbarer Krippennähe besetzten.

Mit den siebziger und achtziger Jahren entwickelten begabte Krippengestalter und begeisterte Laien im Bergi-

Üppig ausladend war diese Krippe mit exotischen Extras ein wirklicher Hingucker.

schen wahre Kunstwerke, die in Teltge, einem westfälischen Wallfahrtsort, auch regelmäßig Eingang in die Weihnachtsausstellungen des Krippenmuseums fanden und 1975 dort sogar mit dem Ehrenpreis des Bischofs von Münster ausgezeichnet wurden.

Interessanter volkskundlicher Aspekt: Lokale und regionale Bezüge, zum Beispiel ein Landwirt im blauen Kittel, ein Solinger Schleifer oder ein schwarz-weiß-grünes Fachwerkhaus neben dem Stall, wurden in letzter Zeit zunehmend integriert.

Eine Zeitungskrippe gar schaffte in der Kapelle der Ohligser St. Lukas Klinik den Sprung ins 21. Jahrhundert: Maria, Josef und das Kind stehen zwischen roten Christsternen nicht mehr wie üblich auf Sand oder Stroh, sondern auf den ausgebreiteten Zeitungsseiten des abgelaufenen Jahres. Die Botschaft dieser außergewöhnlichen Inszenierung: Die Krippe solle zeigen, dass Jesus mitten in unser Leben hineingeboren wurde.

Kinderaugensonnen für den Tannenbaum

Mit der Tanne, wissen die Volkskundler, hatten es die bergischen Altvorderen immer schon. Im Mai wurden „für die treuen Jungfrauen" Tannenzweige gebrochen und die signalisierten dann, in welchem Haus die wahre Tugend ihren Wohnsitz hatte. Im Dezember war dann gleich der ganze Baum dran, auch wenn der Tanne die Fichte bekanntlich längst den Rang abgelaufen hat.

Der erste nachweisliche Christbaum ist schon 1597 in Turckheim im Oberelsass aktenkundig geworden. Aber da dachte an Wupper und Dhünn vermutlich noch niemand an ein solches Schmuckstück, wenngleich Wermelskirchen immerhin eine Hofschaft namens Tannenbaum im Ortsteil Stumpf für sich reklamieren kann und es in Ratingen und Wuppertal-Ronsdorf ebensolche stimmungsfördernden Straßennamen gibt.

Drum warteten die Berger, bis sich via Niederlande und Niederrhein in der Mitte des 19. Jahrhundert allmählich die neumodische Sitte des Weihnachtsbaums im Rheinland durchsetzte.

So ist Friedrich Nietzsche zum Beispiel ein verlässlicher Zeuge des jungen Brauchtums, als er von seinem

Studienort Bonn aus Mutter Franziska und Schwester Elisabeth seinen Festtagsbesuch ankündigt: „Zum Schmucke des doch wohl vorauszusetzenden Christbaumes werde ich einige Lichterträger mitbringen, ebenfalls einige Papiersachen, Blumen etc."

Auch der bergische Einzelhandel sah sozusagen ein geschäftliches Licht auf sich zukommen und offerierte früh „sehr billige Wachslichter, farbige Glaskugeln und weiße Wachskerzchen" für den Baum.

An Heiligabend 1864 – wir sprechen vom wirtschaftlich deutlich stabiler gestellten Bürgertum, das sich Wohnzimmer und Tannenbaum plus Schmuck schon leisten konnte – meldet ein Gedicht in der bergischen Lokalpresse dekorativen Vollzug. Bezeichnenderweise unter dem vielsagenden Titel „Der Vater am Christbaum" – Mutter wirkte, wohl mit Unterstützung dienstbarer Geister sogar, offenkundig in der Küche, die Kinder waren selbstredend von der Vorbereitung des Festtagszimmers komplett ausgeschlossen – wurde das ganze Füllhorn des Baumschmucks ausgegossen: „Nuss und Apfel (mit Gold- und Silberschaum), Kerzen, Sterne, Ringlein, Herzen, Vöglein und Marzipan", alles das musste nun die Tanne tragen. Und der stolze Herr Papa erwartete natürlich strahlende „Kinderaugensonnen", dazu noch mysteriösen „Engelsschwingenregen". Er selbst ist freilich am Ende über die eigene Großtat so angerührt, dass ihm – und wie der Verfasser vermutlich hofft – auch dem ergriffenen Leser gleich die Tränen kommen mögen, weshalb das Gedicht mit dem kernigen Aufruf schließt: „Und rinne, Wonnezähre!"

In den folgenden Jahrzehnten setzte sich übrigens die Fichte in Deutschland flächendeckend als grünes Weihnachtsattribut unschlagbar durch. Sie wird mittlerweile selbsttätig aus dem dunklen Forst herausgeholt oder auf Plätzen und Märkten, auf Bauernhöfen, in Baumschulen oder Gärtnereien fachgerecht eingenetzt.

Nur selten setzt noch einer einen drauf.

Anno 1978 überraschte, nein, provozierte der Designer und Architekt Wolfgang Körber im Haus Industrieform in Essen. Zu einer Ausstellung von originellen, durchweg künstlerisch anspruchsvoll gestalteten Weihnachtsbäumen hatte der Solinger Professor die radikalste Lösung; er wolle, wie er es formulierte, bewusst ein „Gegenzeichen" setzen, schuf einen Christbaum, mit Kerzen und Schmuck nach konventionellem Muster verziert – und legte ihn in einen Sarg.

Bei aller Liebe zur künstlerischen Freiheit dennoch nicht unbedingt zur Nachahmung empfohlen.

Eine Luke fürs Christkind

Ein Blick in die „gute Stube", wo der Tannenbaum dekoriert und die ersehnte Bescherung vorbereitet wurde, war für neugierige Kinderherzen in der weihnachtlichen Anspannung nur heimlich durchs Schlüsselloch möglich, es sei denn, irgendein Spalt in der Tür, in einer Bretterdecke oder -wand verhieß endlich, endlich Gewissheit. Im Oberbergischen hatte dieser „Ausguck“ sogar ein eigenes Wort; in der Kindersprache hieß es Ofenloch oder Lukenloch.

Mitsuo, der Friedensbote

Bis in die fünfziger Jahre war es eine klassische Veranstaltung des Bildungsbürgertums, das sich in den Wintermonaten in Büchereien, Volkshochschulen, auch mal im Stadtarchiv traf, zu einer so genannten Dichterlesung. Schriftsteller lasen dort, überwiegend Erbauliches aus eigenen Werken. Es waren Kammerspiele im kleinen Rahmen, die Zuhörer ein überschaubarer Kreis von gleichgesinnten literarisch Interessierten.

Anfang der Sechziger klopfte zaghaft die Moderne an, die Dichterlesung alten Stils ließ zunehmend ihren elitären Zirkel zurück und eroberte sich Säle, auch Kirchenräume. Den Dichtern folgten Wissenschaftler, vereinzelt auch schon Publizisten, denen ihre Präsenz in den Medien der jungen Bundesrepublik einen gewissen Bekanntheitsgrad beschert hatte. Und eines Wintertages, im frühen Advent des Jahres 1962, kam auf einer Vortragsreihe im Bergischen Land auch Mitsuo, der Friedensbote.

Ein auf den ersten Blick gewagtes Attribut für den Mann aus dem fernen Asien, denn mit dem Namen Mitsuo Fushida verbindet sich ein historisches Kriegsdatum, der 7. Dezember 1941, der überraschende Angriff japanischer Kampfflugzeuge auf den US-amerikanischen Flottenstützpunkt Pearl Harbor, westlich von Honolulu.

Seither zählt Pearl Harbor zu den traumatischen Fakten der US-Geschichte. Das gipfelt etwa darin, dass es ausschließlich amerikanischen Bürgern gestattet ist, die beiden dort liegenden Wracks der Schlachtschiffe „Arizona" und „Utah" zu besichtigen.

Pearl Harbor ist seitdem aber auch untrennbar mit jenem Mitsuo Fushida verknüpft, denn der befehligte als japanischer Bomber-Kommandeur persönlich den Angriff auf die US-Pazifikflotte.

Und dann dies vor fünfzig Jahren: Fushida referiert über seine militärische Laufbahn, reflektiert sein altes Leben, bedauert den Tod von 3500 amerikanischen Soldaten. Auf seiner Reise durch verschiedene Kontinente, die ihn auch ins Bergische Land führt, beschwört er seine Zuhörer und bekennt offen seine Mitschuld. Nach intensiver Bibellektüre ist der Kriegsheld der vierziger Jahre inzwischen Christ geworden und predigt Menschlichkeit und Vergebung, sieht seine Aufgabe darin, „Botschafter des Friedens" zu sein.

Die Zeitungen in unserer Region beschreiben in der Vorweihnachtszeit einen ungewöhnlichen, zutiefst beeindruckenden Lebensweg, eine wegweisende Schlagzeile lautet: „Von Pearl Harbor nach Golgatha".

Charity: alles andere als ein Fremdwort

Es ist eines der jüngeren Modewörter, die in transatlantischen Wellen immer mal wieder aus Amerika zu uns herüberschwappen wie Jeans und Rock 'n' Roll, wie Ketchup, Make-up, Push-up oder das kabarettreife „Facility-Manager", für das die deutsche Sprache eigentlich schon das weitaus verständlichere Wort Hausmeister bereithält. Die Rede ist hier von Charity.

Auch wenn die fleißigen Wortsammler vom Duden es derzeit noch nicht für weit verbreitet genug halten und allenfalls eine französische Verwandte, nämlich Charité, in ihrer Sprachkollektion aufführen, wissen die TV-Zuschauer und Illustrierten-Leser(-innen) natürlich, was Charity bedeutet. Gemeint ist die gute Tradition freundlicher USA-Ladies, mit Lächeln, ungebremster Fröhlichkeit und Charme ziemlich Reichen das Geld aus den übervollen Taschen zu ziehen. Und damit das eine hübsche Party wird und nicht nur nach schnöder Finanzaktion riecht, werden Girlanden gespannt, Deckchen geklöppelt, Plätzchen gebacken, was auch immer. Der Zweck heiligt alle Mittel, denn mit dem so erwirtschafteten Geld tut man manchem Gutes.

Nächstenliebe ist bekanntlich ein Lebensprinzip, das sich gleich alle großen Weltreligionen, Christentum, Judentum, Islam, auf ihre Fahnen geschrieben haben. Sie predigen und praktizieren die Hilfe für den Nachbarn, den Mitmenschen in Not. So gesehen ist Charity, egal ob man Weihnachtskarten bei Unicef kauft oder dem Deutschen Roten Kreuz Kleidung und Schuhe spendet, eine vertraute Adventsübung.

Mehr noch: Die Ladies überm Ozean mussten uns diese Goodwill-Idee gar nicht erst nach Europa rüberschicken. Die Bergischen kennen diese selbstlose Hilfe für andere längst. Beispiele datieren sogar schon aus dem 19. Jahrhundert.

Da konstituierte sich 1878 im rheinisch-bergischen Ohligs ein „Cigarren-Abschnitt-Sammel-Verein", der selbst im Bergischen – wo urige Holzschuh-Rennvereine, ein Chor namens „Brennessel" und ein Leichlinger Hahneköpper-Verein mit dem rustikal-rabiaten Namen „Kopp aff!" existierten – eine wirkliche Rarität darstellte. Sein hehres Ziel wurde aktenmäßig im gestelzten Deutsch jener Tage festgehalten: Der Club schickte sich an, „durch Sammeln von Cigarren-Abschnitten und Verkauf derselben sowie durch milde Beiträge in die aufgestellten Sammelkisten die Wohltätigkeit zu fördern, indem der Erlös zum Besten der hiesigen hilfsbedürftigen Kinder verwandt wird".

Ähnliches im Sinn hatte gut zehn Jahre später zwischen Weihnachten und Neujahr auch ein „Anti-Glückwunsch-Verein", in dem sich zahlreiche Solinger Unternehmer und stadtbekannte Privatpersonen vereinigten, um „dem

Die wahre Weihnachtsfreude lösen Geschenke aus, mit denen man nicht einmal im Traum gerechnet hat.

überhandnehmenden Zusenden von Glückwünschen entgegenzuwirken". Mit dem so gesparten Geld, fanden die Herren zutreffend, ließe sich Besseres anstellen.

Der positive Trend hat sich erfreulicherweise über die Jahrzehnte bis heute erhalten, mitfühlende Bürger engagieren sich für Bedürftige, die „Tafeln" im Bergischen Land werden das ganze Jahr über versorgt.

„Alte" Ideen werden reaktiviert: Die Sparkasse Hilden-Ratingen-Velbert etwa verzichtet seit drei Jahren auf Gute-Wünsche-Karten und die üblichen Kalender und spendet stattdessen einen fünfstelligen Betrag an zwei Organisationen im Kreis Mettmann, an die Lebenshilfe und an die Aktion „Lichtblicke", die ältere Kinder beim Start ins Erwachsenenleben begleitet.

Seit 1968 startet der Verlag B. Boll, der in Solingen, Remscheid und Haan die bergische Presselandschaft bereichert, vor Weihnachten seine karitative Aktion „Kette der helfenden Hände" und kann damit jedes Jahr vor Ort für rund 600 Mitbürger praktisch und auf sehr kurzem Weg mithelfen, Not zu lindern. Das Spendenaufkommen seiner Leser steuert mittlerweile auf die stattliche Fünf-Millionen-Euro-Summe zu.

Und auf diese Weise unterstützen im Bergischen viele Vereine, Organisationen, Kirchen und Unternehmen zum Beispiel örtliche Kindergärten, kulturelle Events, sponsern Konzerte, Veranstaltungen, Volksläufe und vieles mehr.

Womit bewiesen wäre: Charity ist im Wupper-Winter-Land in der Tat bereits ein alter Hut.

Ein ganzes Rudel Weihnachtsmänner

Ein eigentümliches Bild für die Götter: Zwei Dutzend gestandene Mannsbilder, unerschrocken der Dezemberkälte trotzend, mit angeklebtem Rauschebart und einer rot-weißen Zipfelmütze auf dem Kopf – und ringsherum sage und schreibe 7000 restlos begeisterte Zuschauer.

Nein, kein mysteriöses Däniken-Weihnachts-Ufo hatte gerade zur Landung angesetzt, irgendwo auf unseren winterlich verschneiten Höhen, und auch kein Studenten-Nikolaus-Schnelldienst rekrutierte in letzter Minute ein ganzes einsatzfreudiges Rudel Weihnachtsmänner.

Die besagten Amateur-Weihnachtsmänner traten vor sechzig Jahren mutig für den berühmten guten Zweck an, man würde es jetzt ein Sponsoren-Event nennen; am Nikolaustag des Jahres 1952 hieß es schlicht Wohltätigkeitsspiel.

Im Walder Stadion nämlich wurde von lokalen und medienbekannten Prominenten in perfekter adventlicher Kostümierung gekickt, bei grimmigen Witterungsbedingungen, und zwar ausschließlich um mitzuhelfen, einen Flügel für das neuerbaute „Haus der Jugend" zu finanzieren. Die in Schlachten erprobte Fußballer-Elf des (damals) Nordwestdeutschen Rundfunks, auf das karitative Projekt angesprochen, sagte sofort zu, um sich mit einer lokalen Mannschaft zu messen, in der Spitzenbeamte der Stadtverwaltung und Stadträte standen, sogar kurz auch der FDP-Abgeordnete Walter Scheel, der den Wahlkreis Remscheid damals im NRW-Landtag vertrat und später Bundespräsident werden sollte.

Auf der anderen Seite agierten engagiert unter anderem Sportreporter Kurt Brumme, Schauspieler René Deltgen und Heinz Neuhaus, der Box-Europameister im Schwergewicht.

Aber der Clou auf dem grünen Rasen war unbestritten der Schiri, der Düsseldorfer Torhüter Toni Turek, in der Jahnkampfbahn „umlagert von der autogrammhungrigen Jugend", wie die Presse staunte. Toni sollte zwei Jahre drauf in Bern Weltmeister und Nationalheld werden; für die jubelnden Zuschauer in Wald war er es schon jetzt. Er kickte, obwohl als Schiedsrichter zu purer Neutralität verpflichtet, selbst fröhlich mit, gab den (am Ende mit 5 : 1 siegenden) Gastgebern manchen gefühlvollen Pass und glänzte mit einer Superparade, als sich der Ball einmal bedrohlich der Solinger Torlinie näherte.

Schon wahr, solch einen sportlichen Nikolaus wünschte sich mancher Sportsfreund für seine Kleinen zuhause.

Pina allein in New York

Über die optimistischen, verzweifelten oder auch verzweifelt hoffnungsvollen Menschen, die es aus dem Bergischen Land hinaus in die sprichwörtlich weite, sehr weite Welt zog, über die Auswanderer, etwa im 19. Jahrhundert, wissen wir relativ gut Bescheid. Seminararbeiten dokumentieren ihren Reiseweg, ihre transatlantischen Schicksale, auch ihre Erfolge im „Wunderland Amerika" beispielsweise. Ausstellungen illustrieren ihr Hab und Gut, ihr Handwerkszeug, ihre Kleidung, historische Fotos lassen Begegnungen zu.

Das Gegenstück ist ein eher kurzes Kapitel, die Quellenlage dürftig, es gibt nicht allzu viele Dokumente, das Thema heißt Rückwanderer. Das sind diejenigen, die dem Traumland irgendwann einmal still und deprimiert den Rücken kehrten, die auf der Schattenseite alles andere als Glücksritter wurden. Selten nur erheben sie in der Heimat in Leserbriefen ihre warnende Stimme und stellen den hoffnungsfrohen Träumen die Enttäuschungen gegenüber.

Ein Stück dieser emotionalen Rückbesinnung „packt" ziemlich regelmäßig die Bergischen „draußen", vor allem in der Advents- und Weihnachtszeit, auch wenn der Aufenthalt vielleicht nur eine Reise auf Zeit ist. Weihnachten in der Fremde, so pathetisch das klingt, ist oft mit reichlich Wehmut bepackt.

Ein anschauliches, anrührendes Beispiel liefert die Biografie einer Tanztheater-Legende, erzählt das Leben der jungen Pina Bausch. Die geniale Choreographin, die den Weltruhm des Wuppertaler Balletts begründete, machte Anfang der sechziger Jahre prägende berufliche Erfahrungen in den USA. Die 19-jährige Folkwangschülerin von Kurt Jooss brach nach New York auf, mit einem Stipendium an der „Juilliard School of Music". Sie wurde schnell Mitglied in verschiedenen amerikanischen Kompagnien und erhielt 1961 mit dem „New American Ballet" an der Metropolitan Opera sogar ein Engagement.

Das klingt nach Applausstürmen und Glamour, und das war es auf den ersten Blick fraglos auch, wie sie zuhause in einem Zeitungsinterview bestätigte: „In meinen kühnsten Träumen habe ich nicht damit gerechnet, jemals an die ‚Met' zu kommen."

Aber im gleißenden Lichterglanz von Manhattan – so hat es Marion Meyer im vergangenen Jahr in ihrer Bausch-Biografie geschildert – gab es auch eine andere Seite, die Tänzerin, die sich von Eiscreme und Buttermilch ernährt, um mit dem so gesparten Geld länger über die Runden zu kommen.

Oder die in einem Brief an die Eltern Bedrückendes anklingen lässt. Im Angesicht des nahenden Weihnachtsfestes ist ihr ziemlich mulmig zumute: „Trostlos ist es aber bestimmt, in dieser großen Stadt allein zu sein und ‚Stille Nacht, heilige Nacht' zu singen." Da hätte die junge Frau, die sich schon damals auf der Bühne ihrer Ausstrahlung sehr bewusst war, liebend gern die

Pirouetten auf der Eisfläche im Rockefeller Center gegen den schlichten Adventskranz im väterlichen Hotel am Central eingetauscht.

Weihnachten ist doch etwas Besonderes, Einzigartiges. Auch für Pina allein in New York.

Spekulatius und „Speculator“

Wir danken unseren niederländischen Nachbarn außer prachtvollen Tulpen und gelbem Gouda auch jene Weihnachtsbäckerei, die unter dem lustigen Namen Spekulatius die Teller unserer Kindheit eroberte. Der Spekulatius, angeblich in holländischen Klöstern erfunden, kam in wahren Massen seit dem Ende des Zweiten Weltkriegs über den Rhein, aber das war keinesfalls der Zeitpunkt seiner bergischen Premiere.

Am Niederrhein taucht er schon um 1850 auf und verbreitet sich bei uns in der zweiten Hälfte des 19. Jahrhunderts in winterlicher Windeseile, den geschmückten Tannenbaum außerdem im Reisegepäck, der seither ebenso zum Festtagsdekor gehört.

Seit gut 150 Jahren bereichert der Spekulatius das Angebot der heimischen „Chreßdahsplätzker“. Genauso lange mühen sich Volkskundler, der mit Nelken, Kardamom und Zimt gebackenen, mit Mandeln verfeinerten Köstlichkeit wissenschaftlich auf die Spur zu kommen. Verbreitet ist die These, er habe seinen Ursprung im heidnischen Brauchtum, um feierlich die Wintersonnenwende zu begehen. Relativ gesichert scheint, dass der aus einer holzgeschnitzten Matritze oder einem Model geformte Spekulatius an Gebildbrote erinnert, an die Tradition also, statt eines Tieropfers ein Brot als Ersatzopfer herzustellen. So wird im Siegburger Mirakelbuch aus dem 12. Jahrhundert von Opfergaben berichtet, die zum Grab des heiligen Anno von Köln gebracht wurden.

Ausdrücklich wird dabei auf einen Brauch aus dem Bergischen Land verwiesen, dass derjenige, der von schwerer Krankheit geheilt wurde, wohl dank der wundersamen Mithilfe Annos, mit Korn oder Brot aufgewogen wurde, das dann dem Kloster in Siegburg zur Verfügung gestellt wurde.

Zurück zum Spekulatius: Was den ungewöhnlichen Namen des knusprigen „Plätzkeskroms“ angeht, stimmen die Gelehrten dem rheinischen Sprachforscher Adam Wrede zu, der den heiligen Nikolaus ins Spiel brachte, welcher als „Speculator“, als prüfender Beobachter, ja auch eine wichtige Rolle im Kinderleben spielt.

Schließlich: Ob der Spekulatius demzufolge eine magische Energie ausstrahlt, eine glücksbringende Wirkung hat oder einfach nur superlecker schmeckt, darüber darf in diesen festlichen Tagen – nomen est omen – gewiss spekuliert werden.

Nebenbei: Gucken Sie genau hin, was alles auf ihrem Teller liegt, und benutzten Sie dazu sicherheitshalber ein, wie unser Platt es anschaulich nennt, „Spekelieriser“, ein zum Prüfen vorgesehenes besonderes Eisen, kurz, eine Brille.

Süßes, überwiegend heiter

Es war die sprichwörtliche, vielbesungene gute, alte Zeit, als Deutschland einen Kaiser Wilhelm hatte und die Bergischen ihre Schwanenhälse und Berliner Ballen, als leisen Start in ein gerade beginnendes 20. Jahrhundert der süßen Leckereien. Vorerst war das Angebot der lokalen Backstuben aber noch eher überschaubar.

„Cremeschnittchen“ waren da schon ein echter Gaumenknüller, „ein beliebtes Feingebäck und begehrtes Mitbringsel aus der Stadt“, das fast schon ein Hauch von Luxus, wenn nicht Völlerei, umwob, wie zum Beispiel auch die mit Liebe und erheblichem Zeitaufwand kniffelig herzustellende „mächtige“ Buttercremetorte, deren Familienrezept durch die Generationen gehütet wurde wie – sagen wir mal – heutzutage immer noch die Coca-Cola-Mixtur.

In den Bäckereien, auch oder gerade zur Weihnachtszeit, herrschte selbstverständlich auch ein Mordsstress und in dieser Zeit der spannungsreichen Vorbereitungen verirrte sich ein Druckfehlerteufelchen der aparten Art ins Reich der Weihnachtsengel.

Um präzise zu sein, es tummelte sich frech in einem bergischen „Anzeiger“, in dem eine Konditorei tatsächlich, für 60 Pfennig das Pfund, einen „Honigkuchen im Ausschnitt“ offerierte. Ein Schelm, wer Arges dabei denkt, vermutlich sollten es halt nur Honigkuchenschnitten sein.

Ein ähnlich Loriot-reifes Missverständnis ist für die fünfziger Jahre überliefert, und so ganz konnten investigative Recherchen vor Ort und im dazugehörigen Pressehaus nachträglich nie klären, ob es wirklich nur ein sehr origineller Druckfehler war und nicht doch vielleicht ein humoristisches Komplott von gleich drei heiteren Mannsbildern, bestehend aus Redakteur, Schriftsetzer und Korrektor, die ja allesamt das fragliche Manuskript gelesen und bearbeitet haben mussten, ehe es in Druck gehen konnte.

Fakt ist jedenfalls, dass eine Feinbäckerei M. – dem lokalen Tageblatt war das eine kurze Notiz wert – ihre Brötchen anpreisen wollte, die sie in ansprechendem Ambiente, nämlich in ihrem „Bergischen Knusperhäuschen“, verkaufte. Die Zeitungsleser und -leserinnen glaubten dennoch ihren Augen am nächsten Tag nicht zu trauen, als sie die irritierende Nachricht zur Kenntnis nehmen durften, dass dieser Brötchenverkauf in einem „Knusperhöschen“ stattfinden werde.

Und das sollten tatsächlich drei Augenpaare von routinierten „Zeitungsmachern“ im Arbeitsstress übersehen haben? Heftige Zweifel sind hiermit angemeldet.

„Bruder Johannes“ und seine Tante Lina

Zu den ehernen Gesetzen der Weihnachtsfeiertage – heute nennt man das Strukturen, meint aber immer ein festgefügtes interfamiliäres Regelwerk – zählt natürlich die Bescherung. Das Ritual, oft schon von den Großeltern traditionell übernommen und größtenteils auch freudig erlebt, ist die gemeinsame Bescherung. Da hat das bürokratische Wort von der Anwesenheitspflicht seine festtagsfrohe Variante.

Auch die in der Ferne lebenden engen Familienmitglieder werden dazu nicht eingeladen, denn es bedarf gar keiner förmlichen Offerte, sie sind schlicht da. Und erst wenn alle, wirklich alle im Widerschein der Kerzen und im Fichtennadelduft sich im Wohnzimmer versammelt haben, das saisonal elegant zum Weihnachtszimmer umetikettiert wird, erst dann lüftet sich der geheimnisvolle Schleier über den Geschenken, Päckchen und Überraschungen.

Dass dieser spannungsgeladene Moment jedoch auch fürchterliche Qualen in klopfenden Kinderherzen auszulösen vermag, hat der bergische Bundespräsident Johannes Rau nicht nur persönlich voll rasender Ungeduld erlebt, sondern auch bildschön erzählt.

Denn zum inneren Zirkel der Barmer Rau-Familie, die einst aus dem oberbergischen Waldbröl ins Wuppertal hinaufgewandert war, gehörte Lina Hartmann, die Schwester der Rau-Mutter. Diese „Tante Lina“, nach dem Urteil ihres Neffen Johannes eine respektierte „oberste Autorität, für uns Kinder eine Art Übermutter“, arbeitete im benachbarten Solingen als Diakonisse und Gemeindeschwester am Mangenberg, zu der die Neffen und Nichten aus Wuppertal per Schwebe-, ab Gräfrath dann per Straßenbahn der Linie 3 gern erlebnisreiche Ausflüge unternahmen.

Freilich: Tante Linas winterliche Arbeitszeiten waren nicht so einfach mit den brennenden Kinderwünschen zu Barmen in Einklang zu bringen, wie „Bruder Johannes“, ihr gelegentlich so bezeichneter prominenter Neffe, detailliert und einfühlsam erinnerte: „Unsere Beziehung zu Tante Lina war so eng und so ohne jede Konkurrenz, dass wir als Kinder zum Beispiel die Bescherung zu Weihnachten nur bekamen, wenn Tante Lina keinen Dienst mehr hatte. Erst wenn sie klingelte, konnten auch der Baum angezündet und die Wohnzimmertür geöffnet werden. Da haben wir dann manchmal dafür gebetet, dass Pastor Wetschky unserer Tante doch am Heiligen Abend freigeben möchte, damit wir nicht bis zum nächsten Morgen zu warten brauchten.“

So viel zur Basisfrage, wann denn nun im weihnachtlichen Bergischen Land beschert wird, am Heiligen Abend oder erst am Morgen des 1. Weihnachtstags. Die Antwort lautet, wie gezeigt: Mal so, mal so.

Schuhe im Bett

„Sportbotschafter Deutschlands“ hat man das Solinger Langlauf-Idol Herbert Schade genannt, der mit seiner Bronzemedaille bei den Olympischen Sommerspielen 1952 in Helsinki Leichtathletik-Geschichte schrieb. Dennoch galt seine ungeteilte sportliche Begeisterung anfangs zunächst dem Fußball, wie er in seinen Memoiren erzählt: „Klar, dass am Heiligabend die ersten Fußballstiefel als Kleinod im Bett anblieben.“ Nur gut, dass für Schade die Langlauf-Spikes erst später richtig interessant wurden.

Die Heiligen Drei Könige und Köln

„C + M + B“, mit Kreide über Haustüren oder an Türbalken geschrieben, ein uralter christlicher Segensspruch, findet sich auch im Bergischen. Er wird gemeinsam mit den Sternsingern, die im Januar ausschwärmen, um Gelder zu sammeln und Gutes zu tun, und mit Caspar, Melchior und Balthasar in Verbindung gebracht, die als Weise, als Magier, als „Heilige Drei Könige“ zur

Fingerspitzengefühl war gefragt, wenn im „Haus der Jugend" filigrane Lämpchen gebastelt wurden.

Weihnachtsgeschichte gehören. Die katholische Kirche liest aus der Buchstabenfolge allerdings ein lateinisches „Christus mansionem benedicat" (Christus segne das Haus), mit dem Wünsche fürs Wohlergehen im neuen Jahr verknüpft werden.

Noch in den zwanziger Jahren stimmten außerdem in bergischen Städten, beispielsweise in Gevelsberg und Wipperfürth, Kinder ihr Dreikönigslied an, „meist drei Knaben, einen mehr oder minder gelungenen, selbstgefertigten Stern mit sich führend", wie Heimatforscher Otto Schell ironisch-mild kommentierte. Ihr Lied, mit Inbrunst und in der nicht vergeblichen Hoffnung auf eine milde Gabe vorgetragen, reimte schlicht, aber verständlich etwa so: „Da kommen drei Weise aus Morgenland, sie haben den Stern wohl in der Hand. Der Stern ist groß und wunderschön – Sie haben den lieben Gott geseh'n."

Halten wir fest: Die Heiligen Drei Könige haben seit alters her eine sehr spezielle Beziehung zu uns im Rechtsrheinischen. Denn ihre Gebeine, die um 1200 von Mailand nach Köln gebracht wurden, ruhen ebenso im berühmten Kölner Dom, im kostbaren Dreikönigsschrein, wie auch die des Grafen Engelbert von Berg, der als Reichsverweser und Erzbischof von Köln, als Staatsmann und Kirchenfürst eine der herausragenden Persönlichkeiten des Mittelalters war.

Noch eine Maya-Lektion in Sachen Stress

Er gehört zu den Schattenseiten der Festtage, zu den problematischen Begleiterscheinungen, und ist regelmäßig in den Monaten November und Dezember in aller Munde: der Weihnachtsstress.

Das lässt sich selbstredend durch die Statistik glänzend belegen: Jede vierte Frau in der Bundesrepublik, so war vor Jahresfrist als Ergebnis einer Umfrage zu lesen, fühlt sich an den hohen Feiertagen abgespannt und völlig erschöpft.

Was bei Kerzenlicht besehen auch gar kein Wunder ist. Die Hauptlast der vorweihnachtlichen Logistik liegt eindeutig bei den Frauen, Mami oder Mutti haben halt zu tun, „brasseln", wie man das bergisch nennt, von morgens bis abends, planen, organisieren, überlegen. Wo nur ist die kiloschwere „Spritzgebäck-Orgel" geblieben, mit der Unmengen von Plätzchen gebacken werden wollen? Wo versteckt man Opas Whiskyflasche, ohne dass die Kinder sie vorher finden? Wo ist das tolle Rezept mit der pikanten Balsamicojussauce, das vor Wochen im Restaurant so atemberaubend gut geschmeckt hat? Vor allem: Welche Päckchen werden mit welcher Farbe für wen eingepackt, damit das Tannenbaum-Tohuwabohu des letzten Jahres sich nicht wiederholt?

Das ist – nur die Spitze des Eisbergs – der alljährliche Weihnachtsstress.

Frauen leiden, aber Frauen helfen sich auch wechselseitig. Längst hat sich die Wissenschaft des Phänomens bemächtigt, und es tut gut zu wissen, dass kompetente Frauen mit Rat, Tat und Tipps dem Weihnachtsstress zu Leibe rücken. Ein relativ frühes Paradebeispiel ist die Psychoanalytikerin Dr. Edeltrud Meistermann-Seeger, die Gattin des Glasmalers Georg Meistermann.

Das Resultat ihrer fachfraulichen Forschung mündete in lebenspraktischen Vorschlägen, die jede Frau zwischen Bratenduft und Kindergeschrei beherzigen sollte: Der

Schlüssel heißt innovative Programmgestaltung. Organisiert werden sollten differenziert geplante Abläufe mit gemeinsamen Aktivitäten, egal ob Kartenspiel und Riesenpuzzle für alle oder Ausflüge, Kino- oder Theaterbesuche.

Eine zweite Frau, die aus ihrem Philosophie-Café bekannte Düsseldorfer Dozentin Dr. Uta D. Rose, pflichtet diesem Katalog bei. Sie empfiehlt zudem gegen den weihnachtlichen „Burnout im Zeitraffer" eine Art emotionaler Entschleunigung, wie es modern heißt, und rät etwa dazu, die persönlichen Erwartungen herunterzufahren, andererseits Aufgaben rund ums Fest konsequent zu delegieren und so die ganze Familie frühzeitig einzubeziehen.

Schlussfolgerung also: Auch wenn nicht alles bis zur Perfektion klappt, kann es ein Festmahl oder ein richtig schöner Feiertag werden. Die alten Mayas kennen einen Brauch, der sich bis zu ihren modernen Nachfahren erhalten hat. Die Indio-Frauen im heutigen Mexiko und Guatemala implantieren in ihre Webarbeiten, Teppiche, Umhänge und Mützen, die vor Farbenpracht strotzen, absichtlich einen Faden, der das vorgegebene Muster verlässt, einen falschen Farbtupfer, eine eben nicht ganz schnurgerade Linie. Die Begründung ist einfach. Der Fehler wurde bewusst gemacht, weil es Vollkommenheit, die nur den Göttern vorbehalten ist, auf Erden nicht geben könne, bzw. nicht geben dürfe.

Vielleicht könnte ja ein bisschen von dieser Maya Philosophie schon im Adventsauftakt befreiende Wunder der Entspannung bewirken.

Weitere Bücher aus der Region

Mina Knallenfalls, bonte Kerken und Zwieback zum Zoppen – Geschichten und Anekdoten aus dem Bergischen Land
Michael Malicke,
Wilhelm Rosenbaum
80 Seiten, geb., zahlreiche Fotos
ISBN: 978-3-8313-2409-5

Das Bergische Land in Märchen und Sagen
Olaf Link
80 Seiten, geb., zahlreiche Fotos
ISBN 978-3-8313-2135-3

Bergische Kräher, Dröppelm und Kronenbaum – Feste ur Bräuche im Bergischen Lanc
Margret Wehning, Ira Schnei
64 Seiten, geb., zahlreiche Fc
ISBN: 978-3-8313-1975-6

Solingen – Aufgewachsen in den 40er und 50er Jahren
Wilhelm Rosenbaum
64 Seiten, geb., zahlreiche Fotos
ISBN: 978-3-8313-1887-2

Aufgewachsen in Solingen in den 60er & 70er Jahren
Wilhelm Rosenbaum
64 Seiten, geb., zahlreiche Fotos
ISBN: 978-3-8313-1888-9

Wartberg Verlag GmbH & Co. KG Bücher für Deutschlands Städte und Regic
Im Wiesental 1 | 34281 Gudensberg Tel. 05603-93050 | Fax 05603-9305
www.wartberg-verlag.de **www.kindheitundjugend.de**